「気がつきすぎて疲れる」が
驚くほどなくなる

「繊細さん」の本

HSP専門カウンセラー
武田友紀

飛鳥新社

はじめに

この本は、**「繊細でストレスを感じやすい人が、繊細な感性を大切にしたまま、ラクに生きる方法」**を書いた本です。

「そんなこと、本当にできるの？」

そう思うのも無理はありません。
なぜなら、繊細な感性でたくさんの物事を感じるために疲れてしまう人が、その繊細さを大切にすることは、もっと疲れることを意味するからです。
でも、思い出してみてください。友人や家族、職場の同僚から言われる、

「そんなに気にしなくてもいいんじゃない？」
「鈍感力が大事！」

などの言葉は、「気にしないって一体どうしたらいいの？」と思うばかりで、あまり役に立たなかったのではないでしょうか。

それもそのはず、繊細な人が持つ「繊細さ」は、性格上の課題ではなく、**生まれ持った気質**の可能性が高いからです。

背の高い人が身長を縮めることができないように、繊細な人が「鈍感になる」「気づかずにいる」ことはできません。生まれつき繊細な人が鈍感になろうとすることは、自分自身を否定することであり、かえって自信や生きる力を失ってしまいます。

本書でお伝えする「繊細なままで生きるアプローチ」は、「鈍感になる」「心を鍛える」といった方向性とは全く逆。

繊細な人は、むしろ自分の繊細な感性をとことん大切にすることでラクになり、元気に生きていけるのです。

なぜそう言い切れるのか。それは私自身が繊細さと真剣に向き合ってきた経験と、たくさんの「繊細さに困っていた」相談者さんたちが元気を取り戻した実績があるからです。

私は、会社でストレスが積み重なり休職したことをきっかけに、繊細な人の心の仕組みを研究し始めました。

それまでは感じたことに振り回され疲労困憊《こんぱい》していた私ですが、**自分の繊細さを知り、長所として活かし始めたことで、人生が大きく変わりました。**

人間関係がラクになり、仕事でも肩の力を抜いて、のびのびと働けるようになったのです。今では繊細な人向けのカウンセラーとして、「繊細さに困っている人」「人の中にいても楽しめない人」「自分に合った仕事を探している人」たちに対して、カウンセリングを行うことを仕事にしています。

私がこれまで相談を受けてきた繊細な人は、「まわりの人が気にしていないことが、どうしても気になってしまう」人たちです。

「冗談交じりのささいな一言なのに、受け流せずにグサッときてしまう」

「職場で機嫌が悪い人がいると、気になって仕事が手につかなくなる」

「家の外の自動販売機の音が気になる」

「相手の気持ちを考えすぎて、自分の意見が言えない」

「定時で帰れる簡単な仕事でさえぐったり疲れてしまう。自分にできる仕事はあるんだろうか」

「これからどうやって生きていったらいいのか」


このように、人間関係から生き方まで、ご相談内容は多岐《たき》にわたります。

実際にカウンセリングをした繊細な人は600名以上、イベントなどを通して関わった人数はもっと多く1000名以上にのぼります。これだけの繊細な人々と専門的に関わってきたカウンセラーは日本でも少数です。

そして、「**繊細さを大切に生きよう**」という私のカウンセリングを受けた相談者さんは、対人関係や仕事で神経をすり減らすことが減り、次のようにどんどん元気になっていったのです。

「友達といる時間を楽しめるようになりました」

「親に本音を言えるようになって、応援してもらえるようになりました」

「同じ職場で、ラクに働けるようになりました。前より忙しいのに仕事が楽しいです！」


繊細さを知ることで自分を大切にした生き方になり、人間関係も家族関係も、仕事もうまく行き始めるのです。


「繊細な人」とは、具体的にはどんな人を指すのでしょうか。

アメリカの心理学者エレイン・アーロン博士が提唱したＨＳＰ（Highly Sensitive Person）という概念がベースになっています。

最近ではこの概念が日本でも浸透し、「敏感すぎる人」「とても敏感な人」などと訳され、関連書も出てきました。ＨＳＰという言葉自体も定着してきた感があります。

この本では、私がカウンセリングで出会ったＨＳＰを親しみを込めて「繊細さん」と呼んでいます。

私はこの呼び方に、大きな意味があると思っています。自分自身もＨＳＰである私にとって、「敏感すぎる人」と呼ばれることは正直なところ気持ちのいいものではありませんでした。**自分の繊細さを克服すべき課題ととらえるのではなく、いいものとしてとらえる。**そこが出発点です。だからこの本でもここから先、あなたも私も「繊細さん」と、（そして、繊細ではない人は「非・繊細さん」と）呼ぶことにします。

さて、繊細さんのあなたに私が本書で伝えたいのは、私がご相談の中で見つけ出した「繊細さんが元気に生きる技術」です。それは、文字通り「技術」なんです。

「繊細さんが元気に生きる技術」は、繊細さんが生まれ持った力を活かした、繊細さんが幸せに生きるための技術です。技術だから、練習すれば誰にでもできるし、上達していくのです。

これまでにＨＳＰについて医師や学者の先生方が書かれた本などがありますが（私自身もそうした本に助けられたり、おおいに参考にしてきた部分ももちろんあります）、本書でお伝えする方法は、**これまでの本とは違った視点や方法**もあるのではないかと自負しています。

というのもこの本は、自分自身も繊細なカウンセラーが書いた、多くの繊細さんたちに有効だったノウハウを詰め込んだ本だからです。

この本を書いている私自身も繊細です。繊細さんならではの悩みや細やかな心の動きを、実感をもってとらえています。また、実際にメーカーで勤務し、職場で繊細さんが置かれる状況を身をもって知っています。

この本は、繊細なカウンセラーによる、繊細さんのための、実際に有効だったノウハウを詰め込んだ実用書なのです。

なお、繊細さには個人差や濃淡がありますので、この本で書かれていることの全てがあなたにあてはまるわけではないと思います。どうかご自身で、「これはすぐにできそうだ」と思ったり、「これはやってみたい」と思ったりした内容から取り組んでみてくださいね。

この本を手にとってくださった繊細さんが、少しでも安心し、自分のままで生きていけるのだと未来にワクワクできたなら本当に嬉しく思います。

第2章

毎日のストレスを防ぐカンタンなワザ

第3章

人間関係をラクにする技術

第4章

肩の力を抜いてのびのび働く技術

第5章

繊細さんが自分を活かす技術

第1章

繊細さんがラクになれる基本

こんなあなたは「繊細さん」

「職場で機嫌の悪い人がいると気になる」

「人と長時間一緒にいると、疲れてしまう」

「小さなミスに気づいて仕事に時間がかかる」


こんなこと、ありませんか?

周囲に相談しても、「気にしなくていいんじゃない?」と言われたり、「なんでそんなに気がつくの?」と不思議そうな顔をされる。

でも、あなたは気づいてしまいます。

相手のちょっとした仕草や表情に。こもったような空気の匂いに。空調のかすかな音に。仕事の改善点に。

繊細さんは、相手の感情やその場の雰囲気はもちろん、光や音まで、**まわりの人が気づかない小さな変化を感じとっている**のです。

繊細さんの「感じやすい」性質は、長らく「気にしすぎ」「真面目すぎる」など、個人の「性格」によるものだと誤解されてきました。

ところが、エレイン・アーロン博士が行った調査により、**「生まれつき繊細な人」が5人に1人の割合で存在することがわかってきました**。繊細さは性格や環境によるものではなく生まれ持った気質であり、生まれつき背の高い人がいるように「生まれつき繊細な人」がいることが明らかになったのです。

まわりの人が気づかないささいなことに気づく。あなたが持つ繊細さは性格上の課題ではありません。**「ただ繊細に生まれついた」**という気質なのです。

まず、この気質について、アーロン博士の理論や他の研究を私なりの解釈も加えて紹介します（HSPの説明は知ってる！　という人は、20ページまで読み飛ばしてくださいね）。

繊細さんは、脳の神経システムが刺激に反応しやすい

繊細な人と繊細でない人は、一体何が違うのでしょうか。光や音などの刺激を受けたとき、どのくらい神経システムが高ぶるかは人によって差があります。

アーロン博士によると、繊細な人と繊細でない人では、**脳の神経システムに違いがある**といいます。

また、ハーバード大学の心理学者、ジェローム・ケイガン氏の調査によると、繊細な人は赤ん坊の頃から刺激に反応しやすいのだそうです。同じ刺激を受けても手足を大きく動かし、逃げようとするかのように背中を弓なりにして泣くなど、繊細な赤ん坊は刺激に対して鋭く反応するのだといいます。同じストレスにさらされたとき、神経の高ぶりに関連する物質（脳内にノルエピネフリン）が多く分泌《ぶんぴつ》され、また、神経が高ぶっていたり、警戒しているときに分泌されるホルモンであるコルチゾールも、他の子どもよりも多く出ているというのです。

人間だけでなくネズミ、ネコ、イヌ、馬、サルそして人類と、どの高等動物にも、刺激に対する反応しやすさに差があり、どの種についても、刺激に対して「より敏感に反応するもの」の比率はだいたい同じで、全体の15~20パーセント。種として生き延びるために、慎重な個体が生まれたのではないかと考えられています。

他の人が気づかないような小さなことに気づく神経システムを持っている繊細さんは、たとえば職場では次のように感じます。

「上司の機嫌が悪いと緊張する」
「他の人の仕事が雑に見える。あそこもここも直したほうがいいのに……」

繊細さんが小さなことに気づくのはごく自然なこと。それなのに、「気にしすぎ」「そんな細かいことを言ってもしょうがない」と言われたり、気にしすぎだという相手の雰囲気を感じ続けることで、**「気にする私がおかしいんだろうか？」と自分の感覚を疑い出すと、ますます自信を失ってしまいます。**

繊細さんに必要なのは、「気にしない」という言葉ではなく、気づいたことにどう

対処したらいいのかという、具体的な対処法なのです。

繊細さんにとって繊細さは「生きる上でのベース」

繊細さんの特徴は「**感じる力が強い**」という一言に集約されます。

感じる対象は多岐にわたります。人の感情、場の雰囲気といった人間関係に関するものから、光や音、気温などの環境の変化など、「**自分の外側にあるもの**」はもちろん、体調や自分自身の気持ち、新しく思いついたアイデアなど「**自分の内側で起きていること**」もよく感じとります。

同じ繊細さんでも感じる対象や感じる強度は人それぞれ。初対面の相手に対して、言葉のニュアンスや声のトーンから「この人はすごくいい人だ！」と人となりを深く感じとる繊細さんもいれば、人間関係よりも音に敏感で、カフェではスピーカーの位置を確認して音楽が聞こえすぎない席を選ぶなど、聴覚が鋭い繊細さんもいます。

繊細さは、人間関係はもちろん、仕事や体調など生きる上でのベースになっているのです。

「感じる力」がもたらす いいことと悪いこと

ここで、とある繊細さんの1日を見てみましょう。

とある繊細さんの1日

感じる力が裏目に出て、毎日疲れてしまう――。
でも、一方で、「繊細さん」でなければ味わえない「いいこと」もたくさんあるのです。元気な繊細さんの1日も見てみましょう。

元気な繊細さんの1日

自分のまわりにある「いいもの」に気づき、深く味わう。まわりのものや人から嬉

しさをもらって、身も心もふっくらする。これが繊細さんの「感じる力」がもたらす「いいこと」なのです。

「誰かの笑顔やちょっとした優しさが嬉しいのなんて、当たり前だと思ってた」という方もいらっしゃるのではないでしょうか。

でも、繊細な感覚を通して多くの喜びも感じて、あなたは生きているということを忘れないでください。

本書で目指すのも、「つらい繊細さん」から脱皮して、「元気な繊細さん」へと変わっていくことです。

繊細さんの心の仕組み

繊細さんの感覚と心は、どのようになっているのでしょうか。

次の図をイメージするとわかりやすいと思います。

繊細さんの心の仕組み

繊細な感覚がせん毛のように伸びていて、相手の感情から音、光までさまざまなものをキャッチする。

繊細な感覚に触れたものが心や体に届き、心でじんわり味わう。

いろいろなことを感じ、大きく感動したり深くあたたかい気持ちが沸《わ》き起こったりと、「深く強い感情」が起こるのです。

自分にとって**「いいもの」を感じるのも「痛い・つらいもの」を感じるのも、同じ繊細な感覚**です。

寒さ、暑さの一方だけを感じることができないように、繊細さんの感覚もいいものだけを抜き出して感じることはできません。**痛みであっても心地よさであっても、**

繊細さんは「痛い・つらい」もキャッチしてしまう

遭遇すれば半自動的にキャッチしてしまうのです。

「それなら、いいものも痛みも半々で感じるんじゃないの？　私は誰かの苛立《いらだ》ちとか音のうるささとか、つらいものばかり感じて疲れる……」

そんなふうに思った方もいるかもしれません。

痛い、つらい、疲れた、など負の感覚は、生き物にとって危険を見分ける大事なサインです。痛みと心地よさを同時に感じる場合、危険を避けるために痛みのほうに意識が向くのです。

森を歩くところを想像してみてください。足元に花が咲いていても、とがった枝が体のあちこちを刺す状態では、花の美しさを愛でている場合ではありません。つまり、**痛みやストレスが多い状況では、まわりに「いいもの」があっても感じにくい**のです。

ですから、いいものをたっぷり感じて元気に生きるには、自分が進む道を自分で選ぶことが本当に大切です。実生活で言えば、職場や仕事、休みの日を一緒に過ごす相手、暮らす部屋などの「環境」を自分で選ぶということです。

繊細さんはどの道（=環境）を選ぶかが大事

繊細さんに必要なのは、痛みやストレスに耐えられるよう自分を作り変えることではありません。平気なフリをすることでもありません。

繊細な感覚をコンパスに自分にとっていいもの・悪いものを見分け、自分に合う人間関係や職場環境に身をおく。

「私はこれが好き」「こうしたい」という**自分の本音をどれだけ大切にできるかが勝負どころ**なのです。

繊細さん診断テスト

さて、どのような人が繊細さんに当てはまるのでしょうか。
以下は、アーロン博士によるＨＳＰ自己テストです。

次の質問に、感じたまま答えてください。少しでも当てはまるのなら「はい」と答えてください。全く当てはまらないか、あまり当てはまらない場合に「いいえ」と答えてください。

- 自分をとりまく環境の微妙な変化によく気づくほうだ
- 他人の気分に左右される
- 痛みにとても敏感である
- 忙しい日々が続くと、ベッドや暗い部屋などプライバシーが得られ、刺激から逃れられる場所にひきこもりたくなる

・カフェインに敏感に反応する
・明るい光や、強い匂い、ざらざらした布地、サイレンの音などに圧倒されやすい
・豊かな想像力を持ち、空想に耽《ふけ》りやすい
・騒音に悩まされやすい
・美術や音楽に深く心動かされる
・とても良心的である
・すぐにびっくりする（仰天する）
・短期間にたくさんのことをしなければならないとき、混乱してしまう
・人が何かで不快な思いをしているとき、どうすれば快適になるかすぐに気づく（たとえば電灯の明るさを調節したり、席を替えるなど）
・一度にたくさんのことを頼まれるのがイヤだ
・ミスをしたり物を忘れたりしないようにいつも気をつける
・暴力的な映画やテレビ番組は見ないようにしている
・あまりにもたくさんのことが自分のまわりで起こっていると、不快になり神経が高ぶる

・空腹になると、集中できないとか気分が悪くなるといった強い反応が起こる
・生活に変化があると混乱する
・デリケートな香りや味、音、音楽などを好む
・動揺するような状況を避けることを、普段の生活で最優先している
・仕事をするとき、競争させられたり、観察されていると、緊張し、いつもの実力を発揮できなくなる
・子供の頃、親や教師は自分のことを「敏感だ」とか「内気だ」と思っていた

以上の質問のうち12個以上に「はい」と答えたあなたはおそらくＨＳＰでしょう。しかし、どの心理テストも、実際の生活の中での経験よりは不正確です。たとえ「はい」がひとつかふたつしかなくても、その度合が極端に強ければ、そんなあなたもＨＳＰかもしれません。

出典：講談社『ささいなことにもすぐに「動揺」してしまうあなたへ。』

「人といると疲れる」のはなぜ？

ここまで、繊細さんの特徴について説明してきました。では、繊細さんが抱えがちな悩みには、実際どんな例があるのでしょうか。代表的なものを紹介していきます。

なんと言っても多いのが、「人といると疲れる」という悩みです。

メーカーで事務の仕事をしている会社員のNさん（20代・女性）。職場の同僚も上司も「みんないい人たち」だそうですが、**1日ずっとオフィスにこもりっぱなしだと疲れてしまうといいます。**

オフィスの隅《すみ》で上司が後輩を注意していたり、隣でパソコンに向かっている先輩がどことなくピリピリしていたり……。

「見ようと思って見てるわけじゃないんです。でも、見えてしまうというか……。朝、職場に着いたときの空気感というか。ああ、みんな疲れてきてるなとか、先輩は今日は機嫌が悪そうだとか。誰かの機嫌が悪いと話しかけるタイミングにも気を遣うし、いつの間にか自分までどんよりしてしまいます」

意識しなくても同僚の感情や場の雰囲気を感じてしまうというNさん。人とじっくり1対1で話すのは好きな一方、職場の飲み会など大勢で盛り上がる場は苦手です。

前の人のお皿が空いたら料理を勧め、会話に入れなくてぽつんとしている人には話をふり、興味がない話題でも大きめにリアクションをする。みんなが楽しめるように気を配り、飲み会のあいだじゅう気を張りっぱなし……。

楽しむフリをしているものの、「早く終わらないかな」と思い、お手洗いでひとりになるとほっとするそうです。

ですが、こうした繊細さんは、**決して人嫌いなわけではありません。心を許せる相手と深く話すのは好きだし、家族を大切にしていたりと、人そのものは好き**なのです。

人と一緒に穏やかな時間を過ごしたい、もっと仲良くなりたいと思う一方で、長時間誰かと一緒の空間にいると疲れてしまい、みんなのいる場所から離れてひとりになりたいと思うのです。

人それぞれ最適な刺激レベルがある

「人といると、疲れてしまう」――多くの繊細さんが抱えるこの悩み。これには実は**繊細さんの神経システム**が関係しています。それも、飲み会のように大勢がいる場のコミュニケーションで、繊細さんの心は次のようにフル回転します。

- その場の雰囲気はどんよりしているか、明るいか
- 話し声が部屋の中で反響しているか、通り抜けていくか
- 誰が楽しんでいて、誰が無理をして笑っているか
- 全員のお皿に料理が取り分けられているか？
- 空調のかすかな音

繊細さんの神経システムはこういったささいなものに反応するようにできています。はっきり感じるものから無意識になんとなく感じとっているものまで、非・繊細

さんより多くのものを感じるため、どうしても疲れやすくなっているのです。

人と一緒の時間が長いと苦しくなるのは、ただ、神経システムがそういうふうにできているのです。**感じる力が強く、刺激量が許容量を超えるということ。**誰にでも最適な刺激レベルがあり、他の人にとって何でもない刺激が、繊細さんにとっては強すぎるのです。

表情、仕草、声のトーン、話の内容……人は情報の塊《かたまり》です。パートナーや友人など、どんなに親しい相手でもずっと一緒にいては刺激を受けすぎて許容量を超えてしまう。ましてや、気を遣う場や、苦手な相手といると、自分の頭の中の考えや緊張でなおさら刺激過多になってしまうのです。

繊細さんには、ひとりでゆっくりと心を休める時間が必要です。

心ゆくまでひとりの時間をとり、感じすぎた刺激を流すことで、自分らしい穏やかさや明るさを取り戻すことができます。充分にひとりの時間をとり、新たな刺激を楽しむ余裕があって初めて、また人と一緒に過ごしたい、誰かとワイワイ話したいという気持ちが起きるのです。

私って、細かすぎるの？

「仕事で効率やスピードを求められると、どうしてもできないんです」

そう話すのは20代のA子さん。A子さんはフレンチレストランでアルバイトをしています。

お客様から「笑顔がいいね」と褒《ほ》められたり、丁寧《ていねい》な接客で「ありがとう」と言われたりすると嬉しいと話すA子さん。お客様とのあたたかいやりとりにやりがいを見出す一方、同僚たちの仕事ぶりが気になって仕方ないといいます。

「同僚が食器を並べるのを見ていて、ハラハラするんです。そんなところにお水を置いちゃうとお客様の肘《ひじ》が当たって落ちるんじゃないかとか、後のことを考えて、そのお皿はもう少し右側に置いたほうがいいのに、って。**なんでみんながあんなに雑に仕**

事ができるのか、わからないんです」

お客様の使い勝手や安全性を考えて一つひとつ食器を並べていると、ポンポン置いていく同僚と比べて仕事が遅れがちになり、焦《あせ》るといいます。

「先輩に相談しても『そんなに細かくやってたら終わらないよ』『そこまで考えなくていいよ』って言われます。でも、どうしても同僚たちみたいな危ない並べ方ができないんです……完璧主義なんでしょうか？」

「繊細さん」と「完璧主義者」は違う

Ａ子さんのように、「何も考えず、『雑に』仕事をすることができない」という悩みもよく聞かれます。

でも実は、繊細さんは何も「完璧にやりたい」「小さなところまでこだわらないと気がすまない」と思っているわけではありません。

話の盛り上がり、身振り手振りの範囲、椅子の位置……、他の人が見逃してしまうような小さな情報をいくつもつなぎ合わせることで、「グラスをこの位置に置くと、今はまだよくても、この先お客様が話に夢中になったときに肘が当たりそうだ」といったシミュレーションを、繊細さんは自動的に行います。

そうやって**未来をありありと予想する繊細さんにとって、非・繊細さんのざっくりした仕事ぶりは、まるで落とし穴だらけの草原を全力疾走するようなとても危ない行為（！）に見える**のです。

感じる力が強いゆえに、未来のリスクや手戻りが発生しそうなことに気づく。気づいたからには対応する。他の人は、キャッチする情報が少ない分、繊細さんほどには気づかないため、はたからみて「細かすぎる」「気にしすぎる」と完璧主義に見えてしまうのです。

このように、仕組みはとてもシンプルです。繊細さんが、まわりの人よりもささいなことに取り組む傾向にあるのは確かですが、それは完璧にこなそうと思っているわけではなく、ただ「**気がついたから対応しているだけ**」「**リスクを防ごうとしているだけ**」。完璧主義とは別物なのです。

考えすぎて動けないのは、ベストがわかるから

同様に、

「考えすぎてしまって、なかなか動けません」

という声もよく聞こえてきます。

そんなとき繊細さんは「**ベストがわかるからこそ動けない」という状態**になっています。

繊細さんは、「こうすると、ああなる」というシミュレーションが得意。「気づく」と「シミュレーション」の掛け算で、自然と「ベストな方法」がわかるのです。

ベストがわかると、ベストな行動をしたくなるのが人間というもの。

でも、ベストな方法は、ときに複雑だったり手順が相互に入り組んでいたりします。

たとえば、プレゼン資料を作成する場合。繊細さんと非・繊細さんの場合を、マンガで見比べてみましょう。

繊細さんの資料づくり

こうして考え抜いて動いた結果、手戻りが少なくいい結果が出ることもありますが、場合によっては考えずに行動するほうが仕事が進むこともあります。

非・繊細さんだったら……。

非・繊細さんの資料づくり

このように、そこまで深く考えずに行動すると、手戻りが発生したり作業が増えたりすることはありますが、考える時間が短いぶんトータルで早いこともあるのです。

魔法の言葉は「とりあえず」

「考えすぎて動けない」「ベストを求めすぎて、動けなくなってる」

そう気づいたら、**「とりあえず」**を取り入れると、日々の仕事や生活がぐっとスピーディに進みます。

「方向性を説明してからお願いするのがベストだけど、**とりあえず**データを見せてもらおう」

「あれやってからこれやるのがいいんだけど、あれは今できない……**とりあえず**これからやっておこう」

最初のうちは「本当はああするほうがいいのに！」と落ち着かないかもしれませんん。でも、**何度かやるうちに「ベストじゃなくても、物事が進む」ことを実感できます**。

「たったそれだけで？」と思われるかもしれませんが、効果テキメン。

物事が進むだけでなく、ぐるぐる考え続けることによる疲れも減って、ラクになります。

考えすぎて動けないとき、合言葉は「ベストはさておき、とりあえず！」で前に進んでみてください。

他人の機嫌に左右されてしまう

「職場に機嫌が悪い人がいると気になります」

そう話すのはメーカーでカタログ作りを担当しているB子さん。上司は仕事ができる一方気まぐれな人で、朝、出社したときの「おはよう」の一言が不機嫌なこともあるそうです。他部署のミスを苛立った口調で指摘したり、パソコンのキーボードを打つ音が乱暴だったり……。

「上司がイライラしていると、すごく気を遣います。話しかけるタイミングに注意したり、なるべく刺激しないようにと思って音を立てないようにしたり。私が直接、イライラをぶつけられたりするわけじゃないんですけど……」

上司の機嫌を気にしないよう、ひたすら自分のパソコン画面に意識を集中している

B子さんですが、そのやり方はとても消耗するといいます。

誰かが怒っていると、自分が怒られているわけではなくても声のトーンだけで緊張してしまう。同僚がキツイ言葉で注意されているのを聞くと、自分までつらくなってくる。同じ部屋で誰かが注意されていると、自然とその声が耳に入ってきてしまう。

そんなふうに話す繊細さんもいます。

繊細さんが相手の感情に気づくのは自然なこと

このように、「他者の状況や感情に気づく」「だからこそ、振り回される」というタイプの悩みについて、この項目では見ていきます。

繊細さんにとって「誰かの機嫌が悪いと気づく」のは、たとえば「机にあるコップが見える」のと同じくらい自然なことです。

「気にしなくていいのに」というのは、「コップなんて視界に入れなきゃいいのに、なんで見ちゃうの?」と言われているのと同じ感覚です。明らかに見えているものを「見なくていい」と言われても、どうやったら「コップだけを見ずにすむ」のかわかりません。

繊細さんが置かれているのは、「私だって気にしたいわけじゃない。でも、気づきたくなくても視界に入ってくるし、聞きたくないと思っても自然と聞こえてきてしまう」という状況なのです。

「コップを見ずにすむ」なんてできない

目の前のコップを視界から消すのが難しいように、**誰かの気持ちに気づかないこと——気づかないフリをするのではなくて、そもそも気づかずにいること——が、繊細さんにはできません**。

一方、非・繊細さんは、そもそも小さなことに気づく神経システムを持っていません。持っていないので気づかないか、気づいたとしても「でもまぁ、いいんじゃない？」と流せてしまう程度にしか感じないのです。

「気にしなくていいんじゃない？」という人は、悪気があるわけではなく、ただ単に気になる感覚を持ち合わせておらず、繊細さんの感覚がわからないのです。

繊細さんが身につけるべきは、気づかないよう自分を作り変えることではなく「気づいたことに対する対処の仕方」なのです（具体的な対処法は、第3章・第4章でお伝えします）。

他人を優先してしまうのはどうして？

「つい相手を優先してしまい、自分を後回しにしてしまう」

これも、相手の状況や感情に気づくがために起きやすいことです。

友達と会っても、友達が話したそうだとつい聞き役になってしまい、自分の話がほとんどできない。

電車で、体調がすぐれなくて座っていたけれど、さらに困っていそうな人が乗ってきたから席を譲った。

同僚の仕事が大変そうだからと手伝ううちに大変な仕事が自分に集まるようになった。

こうした「自分より他人を優先してしまう」という繊細さんに数多く会ってきました。なぜそうなるのか、その根っこはここまでのお話と同じ。

繊細さんは、相手のちょっとした仕草や言葉のニュアンス、声のトーンなどをキャッチし、相手が何を望んでいるのか、どうしたいのかを察知します。相手の望みの一つひとつは「話を聞いてほしい」「座りたい」といった小さなことなので、**「そのくらいだったら」と叶えてあげたくなる**のです。

ただ、繊細さんは非・繊細さんよりも数多くのことに気づきます。気づくからこそ相手に譲る回数も多くなり、自分が後回しになってしまう。

繊細さんが元気に生きるには、自分の「こうしたい」という思いを大切にし、**「こんなにわがままでいいのかな」と思うぐらい積極的に自分を優先していく**必要があるのです。

この「気づくからこそ自分が後回しになる」仕組みが別の形で表れているのが、次の例です。

「自分の意見がない」「軸がない」は勘違い

「上司に『あなたはどう思う?』って聞かれても、頭が真っ白になってしまって。自分の意見がないんです」

そう話すのは会社員のCさん。**職場で上司に意見を求められてもとっさに言葉が出てこない**といいます。

「私には自分の意見がない」

そう話す繊細さんに数多く会ってきました。

でも、本当に自分の意見がないのでしょうか?

そんなことはありません。

多くの場合、「自分の意見がない」は勘違い。**「意見はあるけれど、相手のニーズに応えなければと思うあまり言えなくなっている」だけなのです。**

冒頭のCさんは、仲のいい友達や家族など、安心できる相手に対しては「それは違うんじゃない？」「こうしたらいいかも」と、自由に考えが浮かんでくるといいます。もちろん思ったことを全て言うわけではないけれど、自分の意見ははっきりある。

一方、上司や苦手な人に意見を聞かれたときは、

「『どう思う？』って聞かれても、同意を求められていることがわかります。この答えは求めてないだろうな、とか、わかりやすく要点だけを答えなきゃ、とか……」

と、相手の求める正しい答えを返そうとしてしまうのです。

繊細さんは、相手の口ぶりや言葉の強弱から、相手の中に正解があるらしいと感じとります。

さらに、上司が他の部下とやりとりする様子や、日頃の言動を見て、「この人は、要点だけ答えてほしい人なんだな」「一度で正解を答えないと嫌な顔される」といった、相手の傾向をつかんでいます。

自分の中で「こうしたらいいと思う」「このパターンのときはAがいいし、状況が変わればBがいい」とさまざまな意見があっても、上司が求める答えを上司が好むテイストで、しかも限られた時間内で返さなければいけないと思うと、言葉が出なくなるのです。

それはまるで、いろいろなおもちゃ(=意見)でいっぱいのガチャポンから、無理やり「正解」が入ったボールだけを取り出そうとするようなもの。**「正解」ボールを取り出そうとするあまり、あるはずの他の意見が詰まって出てこなくなり、まるで「意見がない」ような気がしてしまうのです。**

「私には、自分の意見がない」と思ったら、まずは安心できる場所で、思いつくままに浮かんだ考えを一つひとつ書き出してみてください。

あるいは、家族や友人など安心できる相手に「上司にこんなこと聞かれたんだけどさ」と、話してみてください。安心できる相手に聞いてもらうことで、スルスルと意見が出てくるケースも多いのです。

正解を求めて意見が詰まってしまう

まずは「自分には意見がある」と気づくこと。そして「相手にとって100パーセントの正解ではなくても、自分の意見を伝えてみよう」とゆるめることで、少しずつ相手にも伝えられるようになっていきます。

繊細さんは自分のままで元気に生きていける

繊細さんの定義からさまざまな仕組みまで紹介してきましたが、いかがでしたか？弱点に見えることも、実は感性がこまやかであることの裏返しなのだとおわかりいただけたでしょうか。

それだけでも、大きな進歩なのです。

さて、ここまで見てきたように繊細さんの悩みにはいろいろなケースがありますが、実は**共通点**があります。

それは、相手の感情であれ仕事の改善点であれ、**「気づいたことに半自動的に対応し、振り回されている」ということ**です。

逆に言えば、**繊細さんが元気に生きるためには、この自動応答を切ることが必要です。「気づいたときにわずかでも踏みとどまって「私はどうしたいんだっけ？」と自分**

に問いかけ、対応するかどうか、また対応するならその方法を、自分で「選ぶ」ことが必要なのです。

カウンセリングを通して感じることですが、**繊細さんはみなさんとても良心的**です。繊細な感覚でまわりの人の感情や場の雰囲気、世の中の状態を感じとっています。感じとれるからこそ、ごく自然に相手に配慮しますし、世の中のルールを守ろうとするのです。

一方で、感じる力が強いがゆえに、まわりの人のニーズや、「こうすべき」という世間の声に影響を受けやすくなっています。「話を聞いてほしい」という相手の気持ちを察知して聞き役にまわったり、「手に職をつけてほしい」という親の希望をなんとなく察して、手に職をつける生き方をしたり。

「私は自由にアーティストとして生きたい！　でも、親が安定した職についてほしいみたいだから、叶えてあげないとな」などと、自分の意志と相手のニーズが違うとはっきり認識できていればまだいいのですが、親の考えがいつのまにか自分の考えに反映されてしまい、「安定した職業以外の選択肢が最初から浮かんでこなかった」というケースもあるほどです。

まわりのニーズや世間の声にとらわれやすい繊細さんが元気に生きるためには、なによりもまず、「私はこうしたい」という自分の本音に耳を澄《す》ませる必要があるのです。

自分の「こうしたい」を大切にすると、人生が変わる

「こうしたい」という本音をキャッチし、自分の本音を大切にすることで、繊細さんのつらさはどんどんラクになり、見違えるように元気になっていきます。

これは、私が600人以上の繊細さんたちから相談を受け、また実際に変わる様子を見てきて、たどりついた結論です。

「人といても楽しめない」と言っていた繊細さんが、数ヶ月後には「人って優しいんですね」と話すようになり、友人や恋人に出会いました。職場で機嫌の悪い人に振り回され「1秒でも早く家に帰りたい」と悩んでいた女性が、同じ職場で心穏やかに働けるようになりました。

彼ら、彼女らに共通していた変化は「人といても、自分のままでいられるようにな

る」というものでした。素の自分を出し、のびのびと過ごせるようになるのです。

今、気になって仕方ないことも、いつの間にか気にならなくなっている。

イヤな出来事に遭遇しにくくなり、ショックな出来事があったとしても10日間落ち込んでいたところが、半日で立ち直れるようになる。

繊細さんは生まれ持った自分のまま、繊細な感性や感情を大切にしたままで、もっと元気に生きていけるのです。

では、次章から、いよいよ実践に移っていきます。

コラム
織細さんストーリー1

自分を変えるのではなく、自分に合うことを探す生き方へ

ある日、20代のYさんが相談に訪れました。

金融の窓口で働いているYさんは、人の雰囲気を感じとりやすく、相手が怒り出す前に「この人、もう少しで怒りそう」とわかるといいます。お客様や上司から怒りの気配を感じるたびに体が緊張し、キツイ言葉を言われるとつらくなって何日も落ち込んでしまう。同僚たちのように「よくあることだから」と受け流すことができず、長いこと「こんな自分じゃだめだ」「どうしたら変われるかな」と考えていたそうです。

そんなYさんが前向きになれたのは、ほんの少しのきっかけからでした。

ある日、Yさんは、「繊細な気質というものがある」と知りました。それを境に、少しずつそのままの自分を受け入れるようになっていったのです。

「あれもこれも気になって、いちいち敏感でいやだなぁ、なんでこんななの……」という嘆きが「だってそういうものだから♪」と肯定から入るようになり、「まわりに合う自分作り」が「自分に合うこと探し」へと変わったのだそうです。

私の得意なこと、やりたいことはなんだろう? 逆に、苦手なこと、やりたくないことはなんだろう。カウンセリングを通して自分を知るにつれ、Yさんは、自分が合わない職場にいることに気づきます。「自分に合ったことが一番力を発揮できる」と考え、悩み抜いた末に退職を決意。昔から好きだったデザインを学ぼうと学校へ通うことにしたそうです。

この決断を通して、Yさんは「耐えたりもがいたりしながら答えを出せて、今まで、本当によくがんばったな」と、改めて自分を認めることができたといいます。

自分を作り変えるのではなく、自分のままで生きる道を模索する。これこそ、どんな繊細さんにも共通する第一歩であり、それだけで世界は変わります。

Yさんは、「仕事だけじゃなく、どんなことも、今の自分なら安心して自分らしくできると思う」と、自分自身に深い安心感を感じています。

第2章

毎日のストレスを防ぐカンタンなワザ

「刺激」から自分を守る工夫

人の感情や小さな音、わずかな光まで、さまざまな情報を感じとるため、その分だけ疲れやすい繊細さん。そのうえ自分の体の状態もよく察知するため、自分の疲れにも気づきやすくなっています。

本章では、そんな繊細さんが刺激から受けるダメージを減らす工夫を紹介します。

「えっ、でも、鈍感になることはできないんでしょう？」

はい、確かにその通りです。

でも、身の回りの「モノ」や「環境」を工夫することによって、刺激によるストレスを減らすことはできるのです。

また、1章の終わりに、繊細さんが元気に生きるには、自分の「こうしたい」という本音を採用するのが大事だと書きました。でも、人の感情や職場のどんよりした雰囲気、電話の音……繊細な感覚があらゆるものをキャッチし、「ノイズの多い状態」では、なかなか自分の本音に耳を澄ませることはできません。

自分の「こうしたい」を感じとる準備としても、ノイズになる刺激を減らす対処は必要になってくるのです。

そのときに大切なのは、**感覚を鈍らせたり心を閉ざすのではなく、まずは刺激を物理的に防ぐことです。**

コツ1・心を閉ざすのではなく物理的に防ぐ

あなたにはこんな経験がありませんか？

「**職場でストレスを感じるのがつらくて、感じないように感覚を麻痺《まひ》させている**」

「**人の気持ちを感じて疲れるから、集団の中では心のシャッターを降ろしている**」

実際、カウンセリングでもよく聞くお話です。

でも、こうした対処の仕方は実はＮＧ！　かえってつらい状態を長引かせてしまいます。

苦手な場所や相手と会うときには、一時的に感覚を抑えることも必要です。でも、いいものをめいっぱい感じるのも、嫌なものや痛いものを感じるのも、同じ「感覚」。感覚を麻痺させるということは、**「嫌なものや痛いものは感じにくくなるけれど、同時に、生きていく上での喜びやときめきも感じづらくなってしまう」**ことなのです。

長いあいだ感覚を閉ざし続けると、「自分がどうしたいのかわからない」「楽しいって、どういう状態のことだっけ？」など、自分にとっての幸せがわからなくなってしまいます。

一時的に対処しなければならないときも、感覚を閉ざすのではなく、ストレスのもとになるさまざまな刺激を**「まずはモノで防ぐ」**こと。そして、最終的には感覚を閉ざさずにすむよう、ストレスの大きな場所や相手とは距離をおくことが必要です。

コツ2．五感のうち、鋭いものから取り組むと効果的

もうひとつのコツは、**視覚、聴覚、嗅覚、触覚、味覚という五感に分けて考えること。五感のうち「鋭い感覚」から重点的に対処すると効果的**です。

カウンセリングの場で、繊細さんに「相手の感情や場の空気を察するとき、五感のうち、どの感覚をメインに使っていますか?」と尋ねると「目ですね」という方もいれば「耳です。音で判断している気がします」という方もいます。

五感のうち、どの感覚が鋭いのかは、実は人によって異なるのです。自分がよく使っていると思う感覚から、まずは試してみてください。

刺激によるダメージを減らすには、疲れの原因となる過度な刺激を防ぐための「予防」と、疲れたときに回復を早める「ケア」の両方が必要です。

それぞれに分けて具体的方法を紹介していきますね。

五感別！刺激の予防方法

それでは、「予防法」から見ていきましょう。これからご紹介するのは、**繊細さんに実際に効果があった方法や、繊細さんたちから聞いた工夫の数々**です。

まずは、下のイラストをご覧ください。

これからご紹介する方法のいくつかをイラストにしてみました。ご覧のように、ほんのちょっとした工夫や、取り入れやすいアイテムばかり。

五感別にくわしく見ていきますので、「これは」と思ったものから試してみてくださいね。

視覚

- メガネやコンタクトレンズの度を落とす
- サングラスをする
- 伊達メガネをかける
- 縁の太いメガネをつけて「ここだけ見ていればいい」と、見る範囲を決める

「人混みの中に長時間いると疲れる」という方から「近所のスーパーに入るとモノやラベルが一度に目に飛び込んできて目が回る」という方まで、同じ繊細さんでも「視覚による疲れやすさ」には個人差があります。

目から情報を取り入れやすい人、自分に関係ないものまで見えすぎている人は、**見**

えるものを必要最低限に抑えるのが対策の基本です。

繊細さんは、視界に入るものを情報として細部までキャッチします。そのとき、知らず知らずのうちに自分に関係ないことまで受けとりすぎてしまうのです。

私自身、道を歩いていて、すれ違った人の表情や洋服の色、カップルのどちらが右を歩いていたかまでいつの間にか覚えていて、そんな自分に驚いたことがあります。たまたますれ違った人についてそんなに詳しく覚える必要はないのに、見るだけで自然とインプットされてしまうのです。

見えてしまうと「さっきの人は急いでいたな。イヤホンがカバンからはみ出してた。イヤホンといえば、さっきすれ違った人も、今、前を歩いているあの人も、イヤホンのコードは白。やっぱりメーカー純正品は白が多いんだな……」と連想ゲームのように情報処理が始まってしまい、頭が休まらずに疲れやすくなってしまいます。

そうならないように、**必要以上のものが見えないようブロックする**というわけです。

買い物に出かけるときなど、「手元用」と「遠くを見る用」の、度の違うメガネを用意しておき、移動中は度の低いメガネをし、お店に着いたらよく見えるメガネをかけるなど、必要に応じて見える範囲を切り替えるのもおすすめです。

繊細さんの中には「視力はいいけれど、見えすぎるので職場では伊達メガネをかけている。透明レンズを通すだけでラクになる」という方もいます。また、縁の太いメガネをかけることで「ここだけ見ていればいい」と見る範囲を自分で決めている方もいます。

見えるものを必要最低限にする方法は、「職場でパソコンに向かっていてもドアを出入りする人がいると気になる」「学校の授業でまわりの人の様子が気になる」など、まわりの状況が見えると自分の作業に集中しづらい人にも役立つでしょう。

視覚の鋭い繊細さんにとって、メガネは便利なアイテムです。自分に必要なものだけが見えるよう、対策してみてくださいね。

聴覚

- ノイズキャンセリングイヤホンをする
- 耳栓をする
- イヤホンで心地よい音楽を聞く

「映画館が苦手。いきなり大きな音がするホラー系の映画は気分が悪くなってしまう」

こんなふうに「突然の大きな音」が苦手な方もいれば、「ベッドに入ってもお風呂の換気扇がついていると気になる。換気扇を止めて眠るようにしている」など小さな音に敏感な方もいます。

苦手な音がする場所は避ける、換気扇は止める、寝室には電化製品を置かないなど、まずは小さな工夫を徹底してみてください。

電車の中など自分では音をオン・オフできない場所では、イヤホンや耳栓を試してみましょう。耳栓もさまざまな種類・性能のものが市販されていますので、自分に合うものを探してみてください。

出かけるときにはカバンに耳栓を入れておき、気になる音をこまめに防ぐだけでも、だいぶストレスを減らせます。電車の中や人混み、カフェで隣のテーブルが盛り上がってきたときなど、耳栓をしてしまいましょう。

長時間、音にさらされる新幹線や飛行機ではノイズキャンセリングイヤホンが役に立ちます。トンネルを通るときのゴーッという音や、飛行機のエンジン音が軽減され、長時間の移動でも疲れにくくなるのです。

また、聴覚が鋭い人には「**住む環境**」も大切です。外から聞こえてくる音そのものを止めるのは難しいので、引っ越しの際には車通りの少ない場所を選ぶ、お店の裏など常時換気口の音がする場所は避けるなど、できる範囲でこだわってくださいね。

触覚

- 肌の露出を減らす
- 心地よい素材で肌を覆う
- 明るい色の服やお守りを身につける

「苦手な人とすれ違うと電流が走ったようにに体がビリッとする」「肌がざわざわする」など、繊細さんの中には触覚が強い人がいます。そんな方は、「**服に守ってもらう**」のが対策の基本です。

触覚が鋭い人は、**苦手な相手や場所の嫌な感じを肌から受けとっている**ようです。触覚が鋭いと肌が覆われるのを嫌がり、薄着を好む傾向にあるのですが、肌を露出して嫌なものを受けとってしまっては本末転倒。**肌触りのいいカーディガンやストールを羽織るなど、心地よく肌を守ってみてください**。

苦手な場所に行かなければならないときや苦手な相手に会うときは、相手のネガティブな感じを跳ね返せるよう、**オレンジや赤など明るい色**の服を着る、お守りがわりの指輪やイヤリングをつけるという繊細さんもいます。

嗅覚

- マスクをする
- 好きな香りのハンドクリームや香水、ヘアワックスをつける
- アロマペンダントをつける

「満員電車の匂いがダメ」「都会は空気の匂いで気持ちが悪くなる」など嗅覚が鋭い繊細さんは、心地よい匂いで自分を包むのがおすすめです。アロマの精油を入れて首から下げておけるアロマペンダントも市販されていますよ。

味覚

・刺激の強い食べ物を避ける

「ファーストフードやスナック菓子を食べると体が重くなる」「添加物の多い食べ物は、舌がピリピリする」などの声があります。

味も刺激なのだと考えると、さまざまな添加物が入った食べ物から体調に影響を受けるのも頷ける話。なるべく成分表示を見て、刺激の少ない、つまり、**原材料に添加物の少ない食べ物を買う**、カットされていない元気な野菜をまるごと買ってきて調理するなど、自分の体に合う食べ物を見つけてくださいね。

スーパーによっては、お惣菜を店内で調理していて、余計な添加物を入れない方針のお店もあります。生活圏内にひとつ、自分の体に合うスーパーを見つけておくと日々の買い物がラクです。お気に入りの八百屋さんがある繊細さんもいますよ。

楽しい予定の後のひと工夫

さて、五感ではありませんが、ぜひ取り入れていただきたい工夫を最後に付け加えたいと思います。

「家事を一気にやったあと、ぐったり疲れた」「集中して作業すると、そのときは楽しいんだけど、あとから動けなくなってしまう」というお話を聞きます。

仕事や気の向かない集まりだけでなく、繊細さんにとっては、友人に会う、集中してハンドメイドの作品を作るなどの「楽しいイベント」も刺激のひとつ。予定を詰め込みすぎず上手に休みを取り入れることで、楽しみつつも寝込まない、元気な生活を実現できます。

「思い切り楽しんだあと、動けなくなってしまう」という繊細さんに、私はよく「**楽しい予定の後にも休日を入れてください**」とお話ししています。大変な仕事のあとに休みをとるのと同様に、「いい刺激を受けるイベントのあとにもあらかじめ休みを入れておく」のです。

この休みは、本当になんの予定もない**「全くの空白日」**にしておくのがポイント。朝起きて「今日はどんな調子かな」と自分の体調を見てから、「もう少し寝ていよう」あるいは「体調がいいし元気もある。いい天気だから歩いてカフェに行こうかな」と予定を決める。

友達との約束や習い事、家族で出かける予定が入っていると、どうしても無理をしがちです。体調を見ながら自分で予定を調整できるよう、誰かとの約束もやらなければいけないこともない「本当になんの予定もない休日」を、ぜひスケジュールに入れてくださいね。

五感別！回復を早めるケア方法

「予防」の次は「ケア」編。疲れたときにもなるべく早く元気になれるよう、おすすめの方法をお伝えします。

感じすぎてぐったりしたときは、**「外部からの刺激をできる限り抑えて休む」**が基本です。「お風呂の換気扇を止め、遮光《しゃこう》カーテンを引いてアイマスクと耳栓をして眠る」など、**「やりすぎか！」と思うぐらい徹底的に刺激をガード**することで、ぐっと回復が早まります。では、「予防」と同じように五感別に見ていきましょう。

視覚

- 電気を消して部屋を暗くする
- アイマスクをする

・人工照明がまぶしいときは、ロウソクを使う
・布団をかぶる
・寝室はモノを減らす（ベッドに横になったとき、なるべくモノが見えない状態にする）
・エアコンの電源ボタンの明かりを塞ぐ

疲れたときはもちろん、楽しかったり新しいアイデアを思いついたりと興奮が続くときは、部屋をいつもより暗くしてみてください。コンビニやスーパーって昼夜問わず煌々《こうこう》とした明かりがついていますよね。人は光にさらされると興奮して、購買意欲が増すのです。光は興奮を引き起こす——この法則を逆手に取りましょう。**リラックスしたいときには、まず明かりを落とす**のです。

明るさを調節できるタイプの照明なら、明るさを1段階下げる。部屋に複数照明がある場合は、ひとつだけつける。部屋の明かりを調整できない場合は、台所や洗面、お風呂場など小さめの明かりをつけて、部屋の明かりは消してしまうのも手です。

明かりを1段階下げるだけでずいぶん刺激が減り、ほっとしますよ。

たくさんの人に会った日や、うっかり友人の話を聞き続けてしまったときなど、情

報を受けとりすぎて心がいっぱいいっぱいのときは、落とした照明でも刺激が強すぎるかもしれません。そんなときは人工照明を全部消して、ロウソクの出番です。おしゃれなキャンドルを買い置きしておくのもよし、100円ショップのロウソクを灯すのもよし。疲れたときでもさっと取り出せるよう、取り出しやすいところにストックしておくのがポイントです。

眠るときにはアイマスク。試しに目を閉じて、さらに手のひらでまぶたを覆ってみてください。目を閉じていても、まぶたを通して光を感じていることに驚くのではないでしょうか。**アイマスクをすると、ただ目を閉じているときよりもずっと暗い中で休めます**。アイマスクがなければ、ハンカチやタオルをまぶたの上に置くだけでもいいですよ。

もうぐったりしてどうしようもない、とにかくただただ休みたい！　そんなときは寝室へ直行。**思い切って頭からすっぽり布団をかぶってみてください**。暗くて静かで視界に何も入らない環境へ一気にワープできます。

そして、寝室にはなるべくモノを置かないこと。

部屋にあるモノの気配は案外あなどれません。

これは私自身の経験ですが、引っ越しの準備と仕事の忙しさが重なった時期、真夜中に飛び起きて「モノが多すぎる！」とうめいたことがあります。引っ越しのため、寝室にダンボールが積まれている状態だったのです。疲れすぎているときは、モノの気配でさえざわざわするんだなと身にしみた一件でした。

寝室ではエアコンのLEDなど小さな明かりも塞《ふさ》いでおきましょう。完全に防ぐならダンボールを小さく切ってテープで止めると見えなくなります。明かりが全く見えないのも困る、という場合はマスキングテープを何枚か重ね貼りすることで、うっすら明かりが透けて見える状態に調整できますよ。

聴覚

- 静かな場所で休む
- 性能のいい耳栓をする
- ノイズキャンセリングイヤホンをする
- 落ち着く音楽を流す
- 寝室には電化製品を置かない

冷蔵庫のコポコポ音、お風呂の換気扇のかすかな音、エアコンの空気音や動作音、上の階がトイレを流す音。ふだん気にならない音も、疲れているときには気になってしまうもの。繊細さんの中には「家の外にある自動販売機の動作音が気になる」というほど聴覚が鋭い方もいます。

聴覚が鋭い方が自分をケアするには、静かな場所に行く、防音性のいい耳栓をする、海の波音など自然音のBGMやクラシック音楽をかけるなど、**耳に優しい環境で休む**のがおすすめです。

そして、眠るときも音を抑える工夫をしましょう。寝室には電化製品を置かないようにする、エアコンの動作音が気になる場合は湯たんぽやデロンギヒーターを検討する、眠るときはお風呂の換気扇を止める、耳栓をするなど、小さな工夫を徹底してみてください。

「換気扇も止めるなんて、音を気にしすぎかな」なんて心配しなくても大丈夫。実は私自身、「こんなに音に敏感で、将来、誰かと一緒に住むことはできるんだろうか」と泣きたい気持ちになっていた時期があります。でも「小さな音も徹底して防ぐほうがよく眠れる」とわかれば、自分のことを相手に説明した上で「そうしたい」と伝えることができるのです。

とにかく、**自分が安心して休めることを最優先**してくださいね。

触覚

- ガーゼのタオルケット、ふわふわの肌触りの毛布など、心地よい素材にくるまる
- ほっとする肌触りの部屋着を着る

触覚が鋭い人は、家や自分の部屋など**リラックスできる場所で自分をくるんで休む**のがおすすめです。イメージは赤ちゃん。生まれたての赤ちゃんがおくるみにくるまれて安心するように、気持ちいい素材のタオルケットや大判のストールで自分をくるむのです。

ガーゼ、リネン（麻）、しじら織り、マイクロファイバー、シルク、マシュマロタッチ。「触れるとほっとする」という視点で自分に合う素材を選ぶといいですよ。百貨店のタオルコーナーで触り比べをすると、自分の好みの素材を見つけやすいです。

パジャマも「身につけてほっとする素材」という視点で選んでみてくださいね。

嗅覚

・アロマをたく

・落ち着く匂いのところへ行く

香りと一言で言っても、形はそれぞれ。アロマディフューザー、アロマキャンドル、お香、好きな香りのシャンプーやリンス、柔軟剤のふわっと優しい香り。

アロマに限らず、自分がほっとする匂いならなんでもOK！「自分にとっていい香り」のそばで休みましょう。「大根やカブなど、野菜を煮炊きする匂いが好き」という繊細さんもいます。

好きな香りのボディクリームでフットマッサージをする、お灸《きゅう》をするなど、香りにプラスして自分の体をケアするのもおすすめです。

味覚

・シンプルな食べ物を選ぶ

複雑な味付けよりも、情報の少ないシンプルな食べ物のほうが、体が休まります。なおかつ体があたたまるものの筆頭は、蒸し野菜。人参やカブ、ピーマン、キノコなど、具材はなんでもOK！　ただ蒸しただけの野菜を、味噌や塩などをつけていただきます。シリコンスチーマーを使ってレンジでチン！　も手軽です。

食べた物と心の状態をよく観察していると、「甘いものが食べたくなるときは、誰かに甘えたいときだ」「ストレスが溜まるとスナック菓子を食べたくなる」など、食べ物が心のバロメーターになります。

「なんだかすごくスナック菓子が食べたい！……ってことは、疲れてるんだな」など、**食べ物を手がかりに自分の状態を把握《はあく》し**、早めに眠るなど、自分をケアしてみてください。

「休みたい」と思ったら休んでも大丈夫？

五感別の「予防」と「ケア」についてお話ししてきました。
もしかしたら「方法はわかったけど、どの程度やったらいいの？」と思った方もいらっしゃるかもしれません。

私自身、今でこそ「疲れたときはこうするといいですよ」とお伝えしていますが、昔は「繊細さへの対応って、どこまでやっていいんだろう？」とケアを躊躇《ちゅうちょ》していた時期がありました。体を甘やかすと、どんどんストレス耐性が下がっていくような気がしたのです。

でも、試行錯誤しながらケアを続け、心と体を大切にするにつれ「**心配しなくていいんだな。体の求めに素直に応えていいいんだな**」と思うようになりました。

体が感じる小さなストレスに丁寧に耳を傾け、ケアすることで、「実は無理してたんだな」と気づくことができます。自分の状態を受け止めることで、自分を鞭打《むち》つがんばりが減り、心からやりたいと思えることだけに注力できるようになってきたのです。

それでも「どこまでケアするか」迷うとき、私は大昔をイメージします。

人間が洞穴で暮らしていた頃は、電気もインターネットもありませんでした。夜に人工の明かりがまぶしいのは人間として自然な姿。光が眩《まぶ》しかったら堂々とロウソクを使えばいい。情報のとりすぎで心がせかせかしてしまったら、インターネットはいったんお休み。

繊細な心と体は、自分の好不調の波も感じとりやすいのですが、疲れたら休み、元気なときに動くのは、生き物として自然な姿。波乗りしながら、人間らしく暮らしていこうと思っています。

家族と暮らしている繊細さんが休むコツ

繊細さんには、ひとりの時間が必要です。ですが、家族と住んでいる繊細さんから

「本当はひとりで休みたいけど、ひとりで部屋にこもると家族が心配しそう」「夫が〝オレ、何かしたかな〟って気にする気がして、なかなかひとりきりになれません」との声を聞きます。

そんなときは、「今日は仕事で忙しくて疲れたから部屋で休んでるね」など、**ざっくり理由を伝えてから休む**のがおすすめ。あなたが原因なのではなく、ただ単に疲れているんだ、と伝えるのです。

種明かしをしますと、実は、理由を伝えるのは、相手のためというより自分のため。繊細さんは相手の気持ちによく配慮するので、自分の行動によって誰かが嫌な思いをしないかな、と考えるところがあります。**「あなたのせいではない」とはっきり伝えることで心配が減り、心置きなく休めるようになりますよ**。

「ひとりで休んだらそのうち復活する」とわかってくれれば、家族も安心です。「部屋にこもりすぎかな」など気にせず、心置きなく存分に心と体を休めましょう。

「疲れた」のはがんばった証拠

もし「なんでこんなに疲れちゃうんだろう」「もっとがんばらないといけないのに！」と自分を鞭打つ声が聞こえてきたら、**心をゆるめるサイン**です。

疲れた自分を責めるのではなく、「疲れている今の状態」に目を向けてください。疲れたということは、自分に負荷をかけてがんばったということ。「ここまでよくがんばった、偉い！」と自分をねぎらって、充分に休ませてあげてくださいね。

コラム

繊細さんストーリー2

自分に合う環境で力を発揮する

「音が気になるんです。静かな職場で働きたい」

Nさんの相談は、そんな悩みからスタートしました。カスタマーサポートで働いていたNさんは、職場の電話が鳴るたびに「早くとって！」と急かされるように感じていたといいます。

職場のピリピリした空気やお客様からのクレーム、電話の音……。あらゆることに繊細な感覚がひっかかり、常に警報が鳴っているような状態。まるで砂漠を泳ぐような感覚で心も体も重かったそうです。

もっと静かな環境で、自分の得意なことを活かして働きたい。

そう考えるようになったNさんは、職場環境への希望に加え、私はどんな仕事をしたいんだろう？　何が得意なんだろう？　と、自分自身を振り返ります。相談を通して「人の話を聞いて応援したい」という思いに気づき、学生の就労を支援する会社へ転職。今の職場はオフィスが静かで電話の呼出音も自分で設定でき、繊細な感覚も落ち着いたそうです。

耳のいいNさんは、ストレスになる音も拾ってしまう一方、適した環境なら強みになります。新しい職場では困っている人に気づきやすいという長所になりました。学生がグループワークをしている際、別室にいても、声や気配で学生の様子をとらえているのだそうです。ずっと席を外している学生がいると、何か困りごとがあるのかもしれないと気にかけておく配慮ができるのです。

呼びかけがずっと「あの」だった学生が、出会って半年たって「Nさん」と名前を呼んでくれたときや、仕事を円滑に進める仕組みを考えて試すとき、やりがいを感じています。

自分に合う環境で働くようになったNさんは、今では生き生きとこう話します。

「打ち込める仕事のある幸せを感じて、体が透明になったような感覚です！　軽くなりました」

第3章

人間関係をラクにする技術

繊細さんにとって「最大の罠」とは？

この章では、繊細さんにぜひ知っていただきたい、人間関係のコツについてお話ししていきます。

繊細さんの感じる力は、人間関係において**「相手の感情を察しやすい」「その場の雰囲気を感じる」**といった形で現れます。相手の気持ちを考えて細やかに配慮する、深く共感しながら話を聞くなどいい面がある一方、感じるがゆえに気を遣いすぎる、自分の意見を言えなくなってしまうなど、悩みにもつながります。

でも、ご安心ください。

繊細さんと非・繊細さんの感じ方の違いを知り、自分に負担のない接し方を見つけることで、人間関係がラクで穏やかなものに変わります。

順を追ってご説明していきますね。

「感覚が違う」と知るだけでラクになる！

今、「非・繊細さんとの違いを知る」と書きました。

サラッと書きましたが、実は、「非・繊細さんと自分は感じ方が違うんだ」ということを想像したこともない方がほとんどなのです。

そう、実は、**繊細さんにとって最大の罠は「相手の〝わからない〟という感覚が、わからない」ことなのです**。

「自分は他の人よりも繊細なようだ」となんとなく気づいていても、相手に、自分が当たり前に持つ感覚がどのくらい「ない」のかを、実感を持って認識している人はほとんどいません。それもそのはず、感覚は生まれたときから当たり前であり、わざわざ言葉に出して相手に確かめることがないからです。

自分が当たり前に持つ感覚が、相手には「ない」のではないか？

繊細さんにはぜひこの疑問を持ってほしいのです。それだけで、他者の見え方が大きく変わってきます。

繊細さんと非・繊細さんの感覚の違いは、繊細さんの想像をはるかに超えています。

どんな人にもどこかしら繊細なところはありますし、非・繊細さんが繊細な感覚を全く持たないというわけではありません。ただ、繊細さんはとりわけ感じる力が強いため、**「相手も自分と同じように感じているはず」と思って非・繊細さんに接すると、思わぬすれ違いが生じ、誰も悪くないのに傷ついてしまうことがあるのです。**

親に「あなたがわからない」と言われた私の経験

繊細さんの感覚を、非・繊細さんがどのくらい「わからない」のか、例として私自身の体験を書いてみたいと思います。

私の両親は優しくとてもいい人たちです。でも、人間ですから苛立つこともあり、母がイライラしていると、私は母の機嫌を感じとっては嫌な気持ちになっていました。たとえば母が夕飯の支度をしているとき、自分の部屋にいても、まな板をたたく包丁の音がいつもより強く聞こえてくるのです。

あるとき家族会議で「母が不機嫌なのがわかるから、包丁の音が嫌だ」と両親に伝えたことがありました。

ふたりとも「えっ？」という顔をし、「包丁の音が響くのはうちが木造だからだよ」と言います。

「違うよ、木造だからじゃなくて……」

しどろもどろ、幼い頃から母の機嫌を気にしていたこと、包丁の音で母の機嫌を感じとっていたことを伝えようとするのですが、父も母も怪訝《けげん》な顔をするばかり。

どうして話が通じないのか、そのときはわかりませんでした。

自分が不機嫌だったことを認めたくなくて、木造の家のせいにしているんだろうか？　私の説明の仕方が悪かったんだろうか？　あれこれ理由を考えましたが、どれも違うようなのです。


父も母も、どうやら本当にわからないらしい。

「不機嫌な音が苦痛だって感覚が、父も母も本当にわからないんだ。そもそも理解することができないんだ」

そう気づいたのは、話し合いから数年後のことでした。

大切な家族が、自分の感覚や気持ちを理解する術《すべ》を持っていない。そのことは大きな衝撃でした。けれども「本当にわからないんだ」と気がついたあと、思い返すと親から何度も「わからない」と言われていたことに気づきました。

「あなたのことが、わからない」

何度もそう言ってくれていたのだけれど、「わからないわけがない」「わかろうとしてくれないだけだ」という思いがあり、「わからない」という言葉が文字通り「理解が及ばない」という意味だと認識できなかったのです。

私が当たり前に感じるこの感覚が、本当に「ない」んだ。文字通り「わからない」んだ。

その事実を受け止めるには、ずいぶん時間がかかりました。大切な相手とわかりあえない寂しさや深い悲しみがありました。

それでも、時間をかけて少しずつ感覚の違いを受け止めるにつれ、親との関係も、他の人とのやりとりも悩むことがずいぶんと減りました。

そして、自分の繊細な感覚と相談しながら、行きたい場所に行き、やりたいことをやるうちに、たくさんの気の合う人たち――感覚を共有できる繊細なパートナーはもちろん、鈍感だけど一緒にいるとワクワクする仕事仲間にも――出会うようになったのです。

今では、感覚への理解と愛はイコールではないのだとわかります。「理解はなくとも愛はある」という形もあり、それはそれであたたかいものだと思っています。

あなたがもし、「わかってもらえない」と悩んでいるのだとしたら、相手には、あなたの持つ感覚が「ない」、あるいは「ほとんどない」のかもしれません。

相手との違いを知り、時間をかけて少しずつ受け止めること。

それが心穏やかな関係を築くスタートになるのだと思います。

自分を出せば出すほど、自分に合う人が集まってラクになる

どうやったら共感できる相手、一緒にいて元気が出たり、自然体でリラックスできる相手に出会えるのでしょうか?

それをお伝えするために、まずは「人間関係の基本構造」をお伝えします。

人間関係の基本構造とは、**「表に出している自分」に合う人が集まってくる、というシンプルな事実です。つまり、「本当の自分」を抑えて殻をかぶっていると、その「殻」に合う人が集まってきてしまうのです。**

たとえば、本当はとてものんびりしている人が、職場では少し無理してテキパキしているとしましょう。

テキパキしていると、「テキパキしていていいな」と思う人がまわりに集まってきます。そして、繊細さん自身、自分のテキパキした部分が評価されていることを感じ

とるので、「のんびりした自分は求められていないんだ」とますますテキパキする。するとさらにテキパキしたあなたを好きな人、評価してくれる人がまわりに集まる……。この繰り返しで、本当の自分を置いてきぼりにして、テキパキがよしとされる人間関係が作られてしまいます。

このテキパキは、「自分よりも相手を優先する」「わがままを抑える」などにも置き換えられます。自分の本心を抑えて相手を優先していると、「優先してもらうのが好き」な人がまわりに集まります。「相手を優先するあなた」がよしとされるので、自分の意見や感じ方に自信がなくなり、ますます自分を出せなくなってしまう。

自分を出さないようにして「殻」をかぶっていると、その「殻」に合う人が集まってきてしまうのです。

人間関係の「入れ替わり」

この基本構造を踏まえて、繊細さんはどうしたらいいのでしょうか。

ズバリ、**素の自分を出せば出すほど、自分に合う人が集まってラクになるのです。**

今まで、相手の気持ちを優先していた人が、自分の意見を言ったり、嬉しいときも嫌なときも素直に顔に出してみるとどうなるか。

「自分の意見を持っているあなたが好き」「感情豊かなあなたが好き」と、自然体のあなたを好きな人がまわりに集まるのです。まわりの人が合う人なので、そもそも「嫌だな」と思うことにも遭遇しにくくなり、ますます自分らしく自分の意思を表現しながら生きるようになります。

これまで強く自分を押さえ込み、相手を優先してきた人が自分の意見を言い始めると、**「人間関係の入れ替わり」が起こります。**

自分の感情を顔に出したり、意見を言ったり、ときには友達の誘いを断ったりすることで「誘ったら断らないあなた」「なんでも頼み事を聞いてくれるあなた」が好きだった人が離れていく。「あなたの〝殻〟が好き」という、**本当はあなたに合わない人たちが去る**のです。

人が離れることで、一時的に寂しい思いをするかもしれません。でも、自分が感じていることを素直に顔に出し、やりたいことを大切にして過ごすうちに、必ず「素のあなたが好き」「あなたって素敵ね」という人たちと新しく出会います。

そして、皆が去っていくわけではなく、友人や家族、これまでの人間関係の中でも**「そんなふうに思ってたんだ。どうしたいか言ってくれて嬉しい」と、あなたの気持ちや意志を尊重する人、あなたを大切にしてくれる人が残ります。**

素の自分を出すにつれ、このように人間関係の入れ替わりが起こり、のびのびと自然体でいられる関係が増えていくのです。

自分に合う人がまわりに少ないという人は、えいやと勇気を出して「帰りに、あのお店に寄ってみたい」と自分のやりたいことを伝えたり、誘われても「今日はちょっと行けないんだ」と断ったりしてみてください。

最初は「言ってしまった」「断ってよかったんだろうか」と心が揺れるかもしれません。これまで自分の気持ちを出していなかったのであれば、うまく言えなかったり、心が揺れたりと、慣れないのは当たり前。自分の思いや意思を伝えるのも、自転車に乗るのと同じように、練習が必要です。やればやるほど上手になるので、少しずつ取り組んでみてくださいね。

「配慮が足りない人」に振り回されない方法

「私だったらもっと言い方に気をつけるのに」
「どうしてあんなふうに、ズカズカとプライベートに踏み込んでくるんだろう」
「ゴミをポイ捨てしている人を見ると、信じられない」

まわりの人の言動を見て、「配慮がない」「なんであんなことができるの？」と思うことはありませんか。

相手の表情や言葉のニュアンスを感じとり、配慮することがごく当たり前の繊細さんからすると、まわりの人たちは「配慮に欠ける」ように見えます。

価値観や考え方は人それぞれ、とはよく言いますが、**繊細さんたちが直面しているのは、価値観や考え方の土台になる感覚そのものの違いです。**

相手の表情やニュアンスをどれだけ感じとれるか、そして、感じとった相手の様子から、どれだけ相手の状況を想像できるか。

「配慮する力」にも個人差があると考えると、繊細さんとまわりの人がすれ違う理由が見えてきます。

「配慮がない＝意地悪」ではない

商社に勤めるFさん。出張の多い彼は、新しい土地に行くたび、地元の人でにぎわっているおいしいごはん屋さんに立ち寄ったり、地元の産直をめぐることを楽しみにしています。

ふだんとても温厚なFさんが、あるとき「あの人は、なんでこんなことをするんだろう！」とひどく立腹していたことがありました。新しい取引先の担当Aさんが、Fさんの都合を考えずにスケジュールを組んでしまうというのです。なんでも取引先のAさんから飛行機の時刻を聞かれて答えたところ、時間いっぱい打ち合わせを入れられてしまい、行きも帰りも現地を見て回る時間が全くなかったとのこと。

「どうしてこっちの都合を考えてくれないんだろう！　僕だったら『現地を見て回りますか』とか、一言聞くのに……！」

その話を聞いて、私は首を傾げました。担当者のAさんに悪気があるようには思えず、本当にただ言葉通りの行動に見えたからです。「何時に空港に着きますか」と聞き、答えに合わせて会議を始める。帰りの飛行機も出発時刻を聞き、その時間まで打ち合わせを設定する。全く言葉通りなのです。

繊細さんたちのコミュニケーションには、言語外の情報が数多く含まれます。言葉のニュアンス、表情、声のトーンはもちろん、過去のやりとりまで、実にさまざまな情報を参照して相手の状況を判断しています。ところが、世の中にはさまざまな人がいて、言葉のニュアンスや表情、声のトーンを読みとることが苦手で、今この瞬間の言葉だけでやりとりを行う人々もいるのです。

繊細さんは、相手への配慮がごく自然にできる人々です。当たり前にできるからこそ、配慮できない相手と出会ったときに、「なんで、あんなに無遠慮なんだろう！」と腹を立てたり、「私だったらあんなことはしないのに。もしかして嫌われてるんだろうか？」と気をもんだりと、相手の行動に振り回されてしまう。

でも、世の中を見渡してみると、繊細さんの「ごく自然に配慮する」という行いのほうがハイレベル。配慮するのが苦手な相手に対して「配慮してくれないなんて、なんてひどい人なんだ」と憤慨するのは、向こうからすると、めちゃくちゃな言い分なのです。

「なんで、こんなふうに無遠慮な振る舞いをするんだろう！」
「なんでこんなことをするんだろう！」

そう思ったら、「なんで？」と思う前に、相手がそれを**そもそもできるのか？**という視点で相手を観察することが必要です。

「**そうか、配慮が苦手なのか**」
「**こちらの状況に気づくことが、そもそも苦手なのか**」

とわかると、相手の行動に振り回されることが減り、ぐっと付き合いやすくなります。

さて、件《くだん》のFさん。

取引先のAさんをよく観察してみたところ、やはり誰に対しても言葉通りに行動する人だったそうです。相変わらず配慮は苦手なようだし、言葉で伝えていないことはやってくれないけれど、はっきり言葉でお願いしたことは確実にやってくれるとのこと。Aさんの性質を理解するにつれ「意外といい人だ」と印象も変わりました。自分の状況を察してもらおうと期待するのではなく、やってほしいことを言葉ではっきりお願いする、すっきりした関係に落ち着いたそうです。

「キライ」は大切なセンサー。人を嫌えるようになろう

「誰かのことをキライって思ったことはありますか？」

人間関係のご相談で、こう尋ねることがあります。というのも、**相手を嫌えないがゆえに、人間関係に苦労する繊細さんがいる**からです。

会社員のUさんは、おっとりした女性です。学生時代からの友人とは今も連絡を取り合っているそうですが、遊びに行く約束をドタキャンされたり、自分の趣味に嫌味を言われて落ち込んだりと、相手に振り回されることもあるそう。

「他の友達からは、『もっと怒ったほうがいいんじゃない？』って言われます。でも……怒るべきことなのか、よくわからないんですよね」

と呟《つぶや》きます。

さて。繊細さんの中には、「キライ」を封じている人がいます。「みんなと仲良くするのがいいことだ」という世間の声をそのまま受けとってしまい、**「誰かを嫌っちゃいけない」「人を嫌う自分がイヤ」と思ってしまう**のです。

誰のことも嫌わずに生きていけたら幸せ！　と思うかもしれません。本当にそうなのでしょうか？

実は「キライ」は生きていく上で大切なセンサー。「キライ」というのは**「この人は、自分に不利益をもたらす気がする。嫌な予感がする」**ということでもあるのです。「キライ」を封じると、「なんとなくキライだから関わらない」が許されず、自分で相手との距離感を調整することができません。相性のよくない相手との距離が、かえって近くなってしまうのです。

キライのセンサーが働かないと、誰から見てもひどいことをされた、とか、ルールに反したとか、正当な理由がないあいだは自分から相手を遠ざけることができません。何か問題が起こって、つまり、正当な理由ができて初めて、相手と距離を置くことを考えます。

ところが、問題が起きたときにはたいてい我慢を重ねています。相手の言動に耐え切れなくなり、最終的には一切連絡を断つことも。

「キライ」を封じていると、依存されたり相手から過度に干渉、要求されたりと、かえって人間関係がこじれてしまうのです。

「キライ」は大切なセンサー

繊細さんの「第一印象」はなかなか正確！

人間関係のご相談を受けて「その人って、最初から嫌な感じがしませんでしたか？」と聞くと、たいてい「なんか変だなって思ってました」という答えが返ってきます。

繊細さんは感じる力が強く、「なんか変な感じ」「合わなそう」などと感じています。ところが、「全員と仲良くしなきゃ」「第一印象で決めちゃダメっていうし」と、自分の感覚を理性で打ち消してしまうのです。

もちろん、第一印象で変だと感じた人とあとからすごく仲良くなった！という人は、第一印象を疑ってもいいのですが、これまでの人間関係を振り返ってみて「変だと思った相手とは、やっぱりこじれる」という人は、第一印象を信じてください。変だと感じたら不用意に近づかない、しばらく様子を見るなど、警戒が必要です。

コツは、**問題が起きていなくても、最初から近づかない**こと。「なんだか嫌だ」「なんだか変な感じがする」と思ったら距離を取る。正当な理由がなくても「キライだから、なるべく関わらない」でいいのです。

人生で、キライな相手と真正面から向き合うべき場面はそう多くはありません。**キライな相手は避けていいし、可能ならその人の相手は誰かに任せるほうが、お互い幸せな時間が増える**のです。

この話をしたところ、冒頭のUさんは「私、誰かをキライって言ったことなかった。本当になかった……！」と驚いていました。「相手をキライになっていい」と思うことで、ドタキャンや嫌味など、相手の行為を「イヤだ」とはっきり自覚できたそうです。

それからは遊びに誘われても、「ちょっと忙しくて」と理由をつけて断れるようになり、「苦手な人と関わらなくなって、すっきりしました」とのことでした。

キライを禁じると、苦手な人に自分から近づいてしまう

自分の中でキライを禁じていると、「嫌ってはいけない」を通り越して「相手を好きにならなければいけない」になってしまい、無意識のうちに自分から合わない相手に近づいてしまうことがあります。

総務の仕事をしている30代のTさんは、苦手な相手ほど「わかってもらわなければ」「いい関係を築かなければ」との思いが強く、自分から話しかけては相手の反応に傷ついていたといいます。

人間関係を理由に転職を考えていたそうですが、「苦手な人と距離をとってもいい。無理にわかってもらわなくてもいいんだ」と気づいてからは、自分からストレス源に近づくことが減り、ラクになって「今の職場でもっとがんばりたい」と思うようになったそうです。

Tさんは職場の例ですが、苦手な人にメールでニコニコした顔文字を送っていたり、SNSで自分から相手をフォローしたり友達申請をしたりと、**苦手だと気づかれまいとして、かえって歓迎ムードを出しているケースがあります。**相手は当然、歓迎されていると思ってしまいます。

キライを禁じることで、かえって苦手な相手との距離が近づいてしまうのです。

あたたかい人間関係を作るには、苦手な相手をきちんと嫌って遠ざけることが必要です。好きな人との関係を密にし、嫌いな人を遠ざける。「キライ」という一見ネガティブな感情であっても、自分の本音をそのまま肯定することで、自分に合った自然体でいられる人間関係ができていくのです。

自分の中で「キライ」を禁じていないか？　チェック方法をあげておきます。

1.「ピーマン嫌い！」など、モノをキライだと言ったことはありますか？

↓モノを嫌えるか。人によっては「人を嫌う」だけでなく「キライ」という感情そのものを封じていることがあります

2.ひとりのときに、誰かのことを「あの人キライ」と口に出せますか

↓人を嫌えるか

3.「あの人のことがキライだ」と、信頼できる相手に打ち明けたことはありますか

↓嫌うと人に悪く思われる、と思っていないか

※ブログや日記を書いている人は「キライ」という単語が自分の投稿に出てくるか検索してみるのも手です。

相手の気持ちはどこまでわかる？

「誰かがイライラしてると、すぐわかります」
「相手がどうしてほしいのか、わかります」

など、繊細さんは相手の感情を察することが得意です。

相手の気持ちがわかって苦しくなる、というご相談に対して、私は「相手の気持ちを察したら、合ってるか言葉で確かめよう！」とおすすめしています。なにごとも**「本当にそうなのか？」答え合わせが必要**です。答え合わせをしましょう！

といいますのも、察したことが本当に合っているのか？　実は確かめないまま「きっとこうだろう」と思っているケースが非常に多いのです。

「相手の気持ちがわかる」と思うからこそ「本当にそうなのか確かめる」ところまで

行き着かないのですが、繊細さんたちとお話ししていると、**その「わかる」は、意外と外れている**のです。

ちょっとした表情や立ち振る舞い、声のトーン、黙々とパソコンに向かうときのキーボードの音。繊細さんは、小さな情報をいくつもつなぎあわせて、相手の感情を察することが得意です。

でも、わかるのは、怒っているな、イライラしているな、という相手の感情（機嫌）まで。「相手がなぜ今、その感情になっているのか？」という「感情の理由」を正確に当てることはできません。感情の理由は、あくまで頭で推測したものだからです。

人は自分に負い目があるとき、負い目に注目しがちです。

たとえば「自分は仕事が遅い」と思っていると、上司がイライラしているときに「自分の仕事が遅いからだ」と思ってしまう。

負い目があると、相手が怒っていたり不機嫌だったりする理由を「自分のせいだ」と思いがちなのです。自分のせいではない可能性があるのに、「私のせい？」と思い悩むのはもったいない！

相手の気持ちを察したら、合っているのか、ぜひ確かめてみてください。

自分の推測がどのくらい当たるか、確認しよう

とはいえ、怒っている（ように見える）上司に「怒ってますか？　私の仕事ぶりが原因でしょうか」と聞くのは、なかなか勇気がいりますよね。

自分の「予想」が当たる確率はどのくらいなのか、日頃から安全な場所で把握しておくのがおすすめです。一番簡単な方法が、**「誰かとごはんやお茶に行ったときに、『それ、おいしい？』と聞いてみる」**です。

たとえば、友人とお茶をしているとき。

1. 相手が飲み物に対してどう思っているのかを予想

- おいしい／ふつう／まずい
- ぬるいと思ってる／冷たいと思ってる／ふつう
- 飲み物のこと、何も思ってない

2. 確かめる。一言でOK!

「その紅茶おいしい?」

「ん? ああ。○○だね〜!」

3. 相手の答えが自分の予想と合ってるのかをチェック!

これを繰り返すと、「人の考えは、案外わからないものだな」「自分の予想は、意外と外れるんだな」と実感できます。

「自分の予想は案外、外れるものだ」と知ることで、周囲の人の感情に振り回されにくくなります。

「上司が機嫌悪いな。私のせいかな……」と思っても、「あ。でも、この感じ、意外と外れるよね。上司は確かに怒ってるみたいだけど、それは私のせいじゃないかもね?」と、**自分のせいではない可能性に目が向くようになるのです。**

それだけで、まわりの人が不機嫌でも振り回されることが減り、ラクになった——そんな声を相談者さんからよくいただく、好評な方法です。

相手と境界線を引いて自分のペースを守る

「人といると疲れます。特にガツガツしたタイプの人と話すと、エネルギーを浴びてしまうというか、消耗してしまう」

繊細さんからそんな悩みをいただきます。

繊細さんは感じる力が強く、相手の表情や声のトーンなど、言語外の情報も細やかにキャッチするため、長時間相手の話を聞き続けると刺激過多になりがちです。また、自分に向けられたものではなくても、相手の悲しみや怒りなどを感じ、ぐったりしてしまうことも。

情報や感情を受けとりすぎないよう、相手と境界線を引く必要があります。

境界線を引く方法は、大きく分けて「イメージを使う方法」と「モノに助けてもらう方法」があります。順に説明していきますね。

イメージを使って境界線を引く

・テレビ画面の向こうの人が話している、とイメージする
・相手とのあいだに透明な壁をイメージする

じっくり話し込むときなど、ゆっくりしたペースではいいのですが、大勢で話すときやガツガツした人に早口でガーッと言われるときというのは、まるで、こちらの様子などお構いなしに打たれるアタック（＝相手の言葉）を全て拾おうと、コートを走り回っているような状態。

少人数でゆっくり話せる場面ばかりならばいいのですが、社会の中で苦手なガツガツタイプの人と話す機会はどうしてもやってきます。

ですので、繊細さんは、相手が投げてくるボールを**拾わずにいる**必要があります。ボールを拾わないことなんて、できるの？　そう思うかもしれません。実は、相手

がばんばんアタックを打っているのにこちらが反応しないで、落ちるに任せている——そんな状況を、みなさんはすでに経験しています。

それは、テレビ。テレビの向こうでは画面の向こうのキャスターやタレントが、こちらに言葉を届けようと懸命に訴えかけています。でも、テレビをつけていても、他のことを考えたり話を聞いていなかったりと、ボールをスルーできています。

相手の話を聞いていて疲れを感じたら、その人はテレビ画面の向こうの人だとイメージしてみてください。相手の「聞いて！」という要求につかまっていた状態をすっと抜け出て、金縛りが解けたかのよう

相手に引きずられない方法①「テレビ画面をイメージ」

にラクになります。

自分に対してではなくても相手が怒っていたり、話す勢いが強かったりと、相手の感情を浴びてしまうときもあるでしょう。そんなときは、刑事ドラマの出番です。容疑者と弁護士が接見するとき、ふたりを隔てる透明なアクリル板がありますよね。

相手の感情が強いときは、自分と相手のあいだに、あの分厚くて透明なアクリル板をおろすのです。もちろん心の中でイメージするだけですが、それだけでも効果バツグン。相手が何を言っても、自分は**安全**。相手のエネルギーを直接浴びることはありません。

相手に引きずられない方法②「アクリル板をイメージ」

モノを置いて相手との境界線にする

・自分と相手のあいだにモノを置く（ペンやグラスなどなんでもＯＫ！）
・相手からできるだけ体を離す（椅子を後ろに引く、半歩下がる）

イメージだけでなく、モノも活用しましょう。営業では商談相手との心理的距離を縮めるため、相手とのあいだにはモノを置かないという基本テクニックがあります。相手とのあいだにモノがあると、心理的な障害物になるのです。これを逆手にとりましょう。相手に巻き込まれたくないときは、相手とのあいだにモノを置くのです。

会議であればプロジェクターの影に隠れて座る、プライベートであればティーポットやグラスを相手と自分のあいだに置く、といったことです。職場で使いやすいのは、ペン。メモをとったあと、「**ここが、あなたと私の境界線です**」と意識しながら、相手と自分のあいだにペンを置いてください。

そして、物理的距離もまた、相手との距離感を調整するのに役立ちます。

相手の話を聞き続けるのがしんどいなと思ったら、椅子の背もたれまで体を引くのです。

座ったままでも、意外と前後に調整できるもの。机に身を乗り出したときと背もたれに背中を預けたときとでは、相手との距離は優に20センチは違います。物理的に距離が開くだけで、ずいぶんラクになります。

このように座る位置を調整するというのは、**カウンセラーが使うテクニック**でもあります。相手が近く寄ってきすぎるときは引き、強く伝えたいときには近づく。相手との距離を微妙に調整することで、クライアントとの心理的距離を調整しているのです。

立ち話では胸の前に資料を抱えておく、いつもより半歩下がって話すなど、相手とのあいだにモノを置くこと、距離を空けることを意識してみてください。

人に頼れるようになる練習

「**人に頼るのが苦手です**」

そう話すのは、会社員のIさん。小柄な彼女は、棚の上のほうにある資料に手が届かないとき、近くに同僚がいたとしても、自分で椅子を持ってきてとっているそうです。同僚も自分の仕事があるだろうから、とか、相手の時間をとってはいけない、と思うと「**あのファイルとってもらえませんか**」の**一言が言えない**といいます。

Iさんのように、「**相手のことを考えるとなかなか頼れない**」と話す繊細さんはたくさんいます。

繊細さんは相手の状況や立場に自然と配慮するため、なかなか気軽に「手伝って」と言えません。頼みごとをするのは、自分が頼まなければ他の人も困ってしまうときや体調が悪くて本当に動けないときなど、よほど困ったときだけなのです。

元気に生きるためには、まわりに頼ることがとても大事。繊細さんが上手に頼れるようになる心得とステップをご紹介します。

頼るための心得3つ

心得1．まずは、「頼る」という発想を持とう

これまで自力でがんばってきた繊細さんの中には、ひとりでなんとかすることが当たり前になっていて、「頼る」「誰かに相談する」という選択肢がそもそも頭に浮かばなかった、という人も。

まずは「人に頼る」という発想を持ってほしいのです。

それは、いわば洗濯機を使うイメージです。自分で手洗いできるからって洋服を全部、手で洗う人は今どきいませんよね。それと同じです。自分でできるからって全部自分でやろうとせず、人に頼る。大変なときだけでなく、日常的に頼る。

棚からファイルをとる、話を聞いてもらう、といった軽めのことから、仕事のお願いまで、「これ、誰かにお願いできないかな？」と考えてみてください。

心得2．相手の状況を推測せず、言葉で確かめる

これを頼んだら大変なんじゃないかな。今、忙しいんじゃないかな……。相手の状況に配慮するのは繊細さんのいいところですが、それでもやはり、相手の状況は相手自身にしかわかりません。

あれこれ想像するより**「〇〇してほしいけど、どうかな？」と聞いてみるほうが断然確実で早いです**。自分には大変なことでも相手にはなんてことなかったり、忙しそうでも意外とできることだったりします。相手のことはわからないから、相手に聞く。

そして、聞くときの最大のポイントは**「無理そうだったら言ってね」**と一言つけくわえること。頼みごとを引き受けるかどうか、決定権は相手にわたします。

心得3．相手が引き受けてくれたら、信じて任せる

頼んだら「いいよ」って引き受けてくれた。でも、やっぱり悪かったかな。本当は嫌だったんじゃないかな……などと振り返っていませんか。相手を心配しすぎるのは、実は相手の力や判断を疑う行為です。

「いいよ」と言ってくれた相手の判断を尊重して任せましょう。「無理だったら言ってね」と伝えている以上、「いいよ」と言ってくれたなら、それは相手の選択なのです（できないことを断るのも、相手自身が練習すべきことですね）。

人に頼る2ステップ

これまで頼った経験が少ない場合は、ちょっとしたお願いをするのも躊躇してしまうかもしれません。次の簡単な2ステップから始めてみてください。

1．確実に応えてくれる人に頼ってみる

「頼る」も練習です。まずは確実に応えてくれる人に頼んでみましょう。

たとえば、百貨店で受付の方に「インテリアって何階ですか」と聞いてみる。そして、叶えてもらったら満面の笑顔で「ありがとうございます、助かります～！」と言ってみましょう。

職場でも家でも、話しやすい相手に少しずつ頼ってみるのがいいですよ。

2．簡単な頼みごとから始める

ごく簡単な頼みごとから始めましょう。**「お醤油とって」でＯＫ**です。ものすごく困っている人から深刻な顔で頼まれたら、相手もなかなか断れないですよね。相手が断れないことをわかっていて頼むのは、心理的にもハードルが上がりますよね（相手が断らないならどんどんお願いすればいいじゃん？　と思えたらラクなのでしょうけど……よくも悪くも人を思いやり、利己的になれないのが繊細さんなのです）。

繊細さんにしてほしいのは、「ちょっとしたことを、軽く頼む」練習です。

小さなことでも言葉にして頼り、助けてもらう経験を積むことで、「人に頼ってもいいんだ」という感覚がつかめてきます。

「ちょっとお願い☆」は、繊細さんの人生を支える言葉。小さなことから頼る練習をしていくうちに、大きな相談事もできるようになっていきますよ。

「相手を助けているのに報われない」と思ったら

心優しく、困っている人を見ると放っておけない。そんな繊細さんの中には、**相手を助けすぎるがゆえのトラブル**を抱える人がいます。

会社員のUさん。同僚の仕事が大変そうだと気づいて手伝うと、後から「あなたがやったところがミスにつながった」と非難されるそうです。

また、Cさん夫婦は共働き。家事育児は分担しているそうですが、夫が仕事で忙しく睡眠不足なのを見かねて、「私がやるから、ゆっくり寝なよ」と家事や育児を引き受けたそうです。ところが、夫は睡眠をとるどころかますます仕事に打ち込み、結局寝不足がたたってダウン。

「あなたが寝込まないようにって家事を引き受けたのに、意味ないじゃない！」と怒り心頭のCさん。夫を思った行動が報われない、でも、夫を助けないと寝込まれて困るのは私だし一体どうしたらいいのか、といいます。
このふたりに共通しているのは、

- 困っている人を、よかれと思って助けてしまう
- でも、報われない

ということ。こんなときは、手出しせずに見守ることが必要です。

繊細さんは手を貸すタイミングが早い

繊細さんは相手の様子や周囲の状況を細やかに感じとり、過去の結果を参照しながら、「同僚の仕事はこのままじゃうまくいかないだろうな」「この調子だと、夫は風邪をひく」など、未来を予測します。**相手自身が「このままじゃ危ない」と自覚するよりもずっと早く、相手の危機に気づく**のです。

気づくのが早いからこそ、助けるタイミングも早い。でも、**先回りして相手を助け**

ることは、必ずしもいい結果をもたらしません。

根本的には、同僚は自分の力で仕事ができるようになる必要があるし、夫は自分の判断で仕事量を調整する必要があります。

やり方を変える、考え方を変えるなど、人が根本的に変わるというのは大変なことで、エネルギーがいります。

自分から変わろうと思うためには、一度、底を打つ必要がある。何度も仕事で失敗したり、寝込んだりと、**ほとほと嫌になる経験をして初めて、「このやり方じゃダメだ！　どうにかしなければ！」と思える**のです。

繊細さんは助けるのが早い

ところが、繊細さんは相手の問題に気づくのが早く、いち早く手助けしてしまうため、本人は問題があると気づかないこともしばしば。

先回りして手助けすることで、問題が、本人にとって「問題ない」、あるいは「多少困る程度」に和《やわ》らげられてしまう。そのため、変わろう、変えようと思えず、同じ問題を繰り返す。

つまり、先回りして助けることは、相手を助けているようで、かえって同じ問題の繰り返しを助長するのです。

半自動的に相手を助けていませんか？

「念のためお伺いしますが、相手にはっきり『手伝って』と頼まれたんでしょうか？」

助けすぎてトラブルになる繊細さんにそう質問し、助けるまでの事実を振り返ってもらうと、「困ってそうだったから」「大変そうだから」、あるいは「このままじゃあとで苦労するのは私だから」などの言葉が出てきます。

つまり、**明確には頼まれていないケースが多い**のです。頼まれたという場合も、自分から「手伝おうか？」と声をかけたなど、自分から進んで手を出している。

そして実は、助けすぎてしまう繊細さんは、**「頼まれていないのに助けている」ことに気づいていません。**相手の状況をありありと受けとるあまり、頼まれたつもりになっているけれど、実際には「頼まれていない」のです。

食器洗いから細々とした書類仕事まで、やってもらえたら助かることって無限にあります。相手が困っているように見えるからといって「半自動的に」助けてしまうと、「頼まれる」という明確なきっかけがないぶん歯止めが効かず、小さなことから大きなことまで、次から次へと相手を助け続けてしまいます。

そして、相手を助けているあいだは相手のために時間を使っていますから、必然的に自分のことはできません。

どんなに身近で大切な相手であっても、その人のことばかりして自分を後回しにすると苛立ちがつのります。積もり積もった我慢が、あるとき小さなきっかけで「もう嫌だ！」と爆発してしまうのです。

繊細さんからすると「あなたが大変そうだったから手伝った」ということなので、この苛立ちは「あなたのための我慢」であり、相手が原因に思えるのですが、相手からすると「頼んでいないことを勝手にやって、勝手に怒った。不機嫌になるぐらいなら、やらなければいいのに！」となるのです。

あなたが動くのは、相手にはっきり言葉で頼まれてから

では一体どうしたらいいのでしょうか。

まずは、**手出しも助言もせずに見守る**ことが必要です。

「困ってるみたいだな。またうまくいかないのかな」

「このままじゃ、また風邪ひくよ」

相手が同じ問題を繰り返しそうだと気づいても、こちらからはアクションしません。「困ってるみたいだな」と**相手の様子を心に留めたまま、手出しせず、「こうしたら？」などのアドバイスもせず、自分は自分のことをしながら、同じ空間にいるのです。**

相手を気にかけつつそばにいると、面白いことに、相手が自分からぽつりぽつりと悩みを話し始めます。

「最近、仕事が忙しくてさ。家事もしなきゃってわかってるけど……」

ここで助けるのはまだ早い。

そっか、そっか、とただ話を聞きます。すると、話すことで考えを整理し、助けが必要なのか、それとも自分でやるのか、相手自身が答えを出します。

「家事お願いしてもいい？」

はっきり言葉で頼まれたら、そのとき初めて助けてあげてください。

助けるのは、相手に言葉ではっきり頼まれてから。

それまでは手出しも助言もせず、ただそばで見守ってくださいね。

心の深さには個人差がある

「どんなに説明しても、話している内容を理解してもらえない」

「言葉は行き交うけれど、表面的にしか受けとってもらえない。どこか噛み合わない」

繊細さんから、そんなお話を聞いていると、「まわりの人と心の深さが違う」と思えることがあります。繊細さんが感じる伝わらなさは、まるで「言葉が伝わらない」かのような違和感です。


言葉が伝わらない。そんな感覚を持つとき、伝わらないのは、自分の伝え方のせいでも相手に理解する気がないからでもなく、**ただ心の深さが違うのかもしれません。**

どれだけ物事を深く考えるか、どれだけ相手の気持ちを深く受けとれるか、といった「心の深さ」には、個人差があると私は考えています。


世の中には、物事を深く考えることがそもそも「ない」人、相手の話を深く受けとる感覚がそもそも「ない」人がいます。深さのあるなしは、優劣ではなく、背の高い低いと同じような性質だと考えてください。
繊細さんは、相対的に心が深い傾向にあります。

同じ深さで話せる人がいないというのは、自分の言葉をそのまま受けとってもらえないということ。さみしいものです。言葉が伝わらなくて孤独だと感じたら、**自分と同じ深さを持つ人を探しに出かけてほしい**のです。

自分の言葉を、発した深さそのままで受けとってくれる人、自分を深く理解してくれる人、そんな人に出会うと、深さのない人々ともあたたかく交流できるようになります。

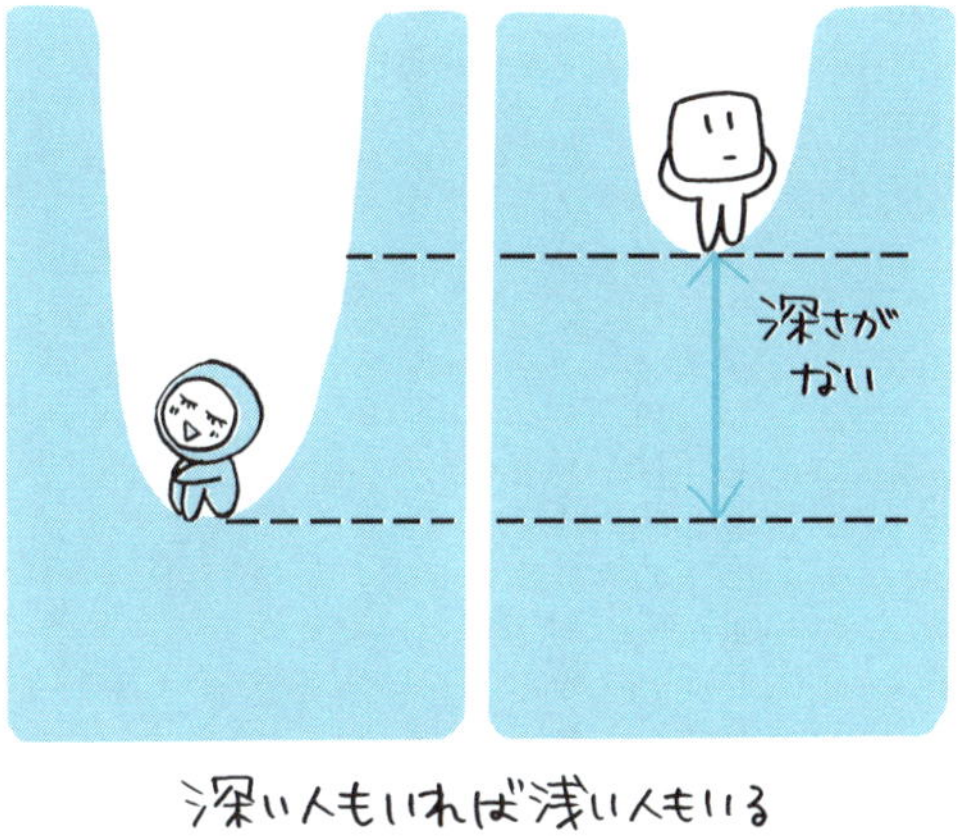

心の深さは人それぞれ

「繊細さん仲間」を見つける方法

「繊細な仲間がほしい」
「共感しあえる相手を見つけたい」

繊細さんから、そんな願いを聞くことがあります。世の中の5人に1人は繊細さんとはいえ、会社の中では「平気なフリ」をしていたり、繊細さを封じ込めていて本人に「繊細だ」という自覚がなかったりします。ストレス耐性を強く求める風土の会社だと特に、繊細さんを見つけにくいかもしれません。

でも、大丈夫。

繊細さんは世界中にたくさんいます。自分と似た感覚を持っている人や、共感しあえる相手が必ずいます。

では、仲間を探すには、具体的にどうしたらいいのでしょうか？
大きく分けて、

- 探しに行く
- 見つけてもらう

というふたつの方法があります。

どちらが得意かは人によって違います。自分から探しに行くほうが出会う率が高い人もいますし、見つけてもらうほうが得意な人もいます。

自分から探しに行く方法

いろんな場所に行ったり体験したりするのが好きな方は、探しに行くのがおすすめです。

・「いいな」と思うお店に通う

ごはん屋さん、バー、カフェ、雑貨屋さんなど、**「なんだか、いいな」と思うお店があったら通ってみてください**。画一的な雰囲気で、店員さんの入れ替わりが頻繁にあるチェーン店よりも、店主の雰囲気や思いが反映されている小さな個人経営のお店のほうがおすすめです。

自分がいいなと思う場所には、似た感性の人が集まります。

何度も通ううちに顔見知りができたり、お店の人と言葉を交わすようになったりと、共感できる相手が見つかるかもしれません。

「いいな」と思うお店で気の合う仲間に会える

・ゆるやかなイベントに参加する

繊細さんに趣味の話を聞くと、絵を描く、歌う、演劇、句会などの表現系から、ヨガや登山、サーフィンといった運動系まで、実に多彩な答えが返ってきます。繊細さんって本当にどこにでもいるんだなと思います。

繊細さんに出会うなら、多様なイベントの中でも、心理学講座、薬膳や漢方のお話し会、体をケアする講座、哲学カフェ、ヨガなど、**心や体について穏やかに学ぶ場**だと確率が高いでしょう。絵画教室や劇団、吹奏楽のサークルなど、**自分の内面を表現する場**にも繊細さんが現れやすいです。

初心者OKのイベントもたくさんありますから、試しに行ってみてくださいね。

・「いいな」と思う人のまわりを探す

気の合う人を誰かひとり見つけたら、そのまわりもぜひ探してみてください。類は友を呼ぶ。いいなと思う相手のまわりには、自分と同じようにその人に惹《ひ》かれている人たち、つまり、**自分と感性や価値観、生き方に共通点がある人**が集まっています。

Twitterやブログ、FacebookなどのSNSだと、つながりで探しやすいでしょう。好きな人のブログに登場している人、コメントしている人のブログを読んでみると、芋づる式に自分に合う人が見つかりますよ。

これらはほんの一例ですが、共通して言えるのは「『いいな』と感じる場所に出入りすることで、似た人たちに会える」ということです。

そして、ポイントは**何度も通う**こと。

なんだかいいなと思ったら、その「いい感じ」を見逃さず、一度だけでなく、二度三度とその場に行ってみてください。自然と仲間が増えていきますよ。

仲間に見つけてもらう方法

家でのんびりするのが好き。ひとりでいるのが好きだけど、たまには人と交流したい。そんな人には「自分のことを発信して、見つけてもらう」方法がおすすめです。

「自分が好きなもの」「思ったこと」「感じたこと」をSNSで発信してみましょう。

相手の状況を気にせず、自分のペースでできるのがインターネットのいいところ。

見たいときに見て、疲れたら閉じる。自分のペースを保ちやすく、さらに、一度会っただけではなかなか話せない心の深部まで発信できるという点で、**SNSは繊細さんと相性のいいアイテム**です。

共感しあえる人に見つけてもらうには、まわりに合わせた発信ではなく、自分が「いい！」と思ったもの、自分の心から出てくるものを発信してください。心理学への考察でも、道で見つけた花の写真でも、好きなアーティストのことでも、内容はなんでもかまいません。とにかく「自分が好きなもの」「思ったこと」「感じたこと」を、文章や絵、写真などで発信するのです。

毎日の中で何を思い、何を感じるかは、一人ひとり違います。**好きなものや感じたことを綴《つづ》るのは、すなわち自分そのものを表現すること。その表現を見てつながった人は、あなたの思いや感性に惹かれた人**です。自分の好きなものや感じたことを発信することで、自分の価値観に合った共感しあえる相手が、あなたを見つけやすくなるのです。

そして、自分の心に触れるものを発信するだけでなく、「いいな」と思う相手がいたら、ぜひコメントやリツイートなど、積極的にリアクションしてみてください。

自分の発信に反応があれば、たいていの人は嬉しいもの。

2度、3度とリアクションを重ねるうちに、相手も「あの人だ」とわかるようになり、お互いの投稿を読むようになったりと自然と交流が始まります。

SNSで発信して見つけてもらう

「繊細さん×非・繊細さん」パートナーシップのコツ

本章の最後に、パートナーシップのコツについてお話しします。

恋愛のパートナーはもちろんですが、家族や同居する友人など、多くの時間を一緒に過ごす人に当てはまるコツです。

相手が繊細さんなのか、非・繊細さんなのかで、ポイントが大きく変わってきますので、それぞれ見ていきましょう。

まず、繊細さんと非・繊細さんのパートナーシップです。非・繊細さんのパートナーを持つ繊細さんからは、「**相手が本当に何も気にしないので、こちらも気を遣わなくていい。一緒にいて気がラク**」と、非・繊細さんのパートナーを持つよさを話してくれます。

一方で、「**自分の気持ちをなかなかわかってもらえない**」など苦労することもあります。

非・繊細さんとコミュニケーションするときは、自分の感覚との違いをぜひ知っておいてください。繊細さんと非・繊細さんの違いを知ることで、「何度言っても伝わらない」「どちらも悪くないのに、うまくいかない」などのすれ違いを防ぐことができます。

人はそれぞれ価値観や考え方が異なる、と言いますが、繊細さんと非・繊細さんは、価値観や考え方の土台となる「感覚そのもの」が異なります。体の疲れにせよ、嬉しい、悲しいといった感情にせよ、**感じる強度が全く違うの**です。

非・繊細さんと繊細さんが一緒に出かけたとします。人混みの中を歩き、映画を観て、満員電車に乗って帰ってくる。

非・繊細さんが「電車、混んでたなぁ」と軽い疲れを感じているところ、繊細さんは「ものすごく、ものすごく、ものすごーーーく疲れた。へとへとでもう一歩も動きたくない。今すぐ眠りたい。このままじゃ明日1日動けないかも」と感じている、といった具合です。

感覚を「わかってもらう」のは難しい。やってほしいことを伝えよう

繊細さんと非・繊細さんの感じ方はまるで違うので、**繊細さんがどんなに「わかって」「察して」と言っても、非・繊細さんにはどうしても「わかる」「察する」ことができません。**繊細さんの訴えは、非・繊細さんにとっては「背中の羽根が痛い」と言われているようなもの。自分にないもの――繊細な感覚――を「わかって」と言われても、無理なのです。

非・繊細さんと上手にコミュニケーションをするためには、**自分の感覚をわかってもらおうとするのではなく、やってほしいことを言葉ではっきり頼む必要があります。**

たとえば「しばらく一人でゆっくりするから、部屋から出てくるまでは声をかけないでね」「落ち着きたいから、電気を消してくれる?」などです。

相手に何をしてほしいか考えられないほど疲れていたら、何はともあれ、ひとりの時間をとりましょう。「疲れてるときは部屋にこもっちゃうけど、元気になったら出てくるから心配しないでね」と、前もって話しておくのもいいですよ。

テレビの音やスマホの光――気になることの上手な伝え方

非・繊細さんは、繊細さんの感覚を「わかる」ことができない。

そうはいっても、自分の感覚を相手にわかってほしいと思うこともあるでしょう。

そんなときは「**たとえ話**」を使ってみてください。

たとえば、自分の部屋にいてもリビングからテレビの音が聞こえてきて、気になるとき。

「テレビの音が気になるから、音を小さくして」と言っても、「え？　俺は気にならないよ」で終わってしまいます。そんなときは、「リビングのテレビの音が気になる。テレビの音って、私にとっては、家の前を大型トラックがずっと走り続けてるみたいなものなの」とたとえ話を使います。

自分の感覚そのものをわかってもらうのではなく、相手の感覚だとだいたいこのくらい、と置き換えて話すのです。

旦那さんが寝室にスマートフォンを持ち込むのが気になる、というIさん。隣で旦那さんがスマホを触っていると、光が漏《も》れてきて目がさえてしまうといいます。何度言ってもなかなかやめてくれなかったそうですが、「寝ているときにスマホが光るのは、私にとって部屋の明かりが全部つくぐらい眩《まぶ》しい」と伝えたところ、持ち込まないようにしてくれたそうです。

また、夫婦で同じ職場に勤めている繊細さん。繊細な奥さんが「1日働いてぐったりする」と旦那さんに話しても、旦那さんも同じ仕事内容なので「なんでそんなに疲れるの？」という反応になってしまうといいます。

そんなときは、「あなたがこのあいだ、丸1日お客さんが途切れなくて、会議もあって、すごく疲れて帰ってきたでしょ。私にとっては毎日それくらいのしんどさなの」というふうに、相手に置き換えて話してみてください。

相手の感覚はもちろん自分にはわかりませんから、「相手にとってはだいたいこのぐらいだろう」とざっくりでOKです。

自分の感覚を伝えたい。そんなときは、相手の感覚に置き換えて話してみてくださいね。

「繊細さん×繊細さん」パートナーシップのコツ

次は、「繊細さん×繊細さん」のパターンです。

繊細さんどうしだと、相手の様子をお互いに感じとります。相手が疲れていそうだったら部屋の電気を消す、「ちょっと休む?」と提案するなど、**お互いをフォローしやすいというよさ**があります。でも、**相手の感情を感じとりやすい繊細さんどうしだからこその注意点**もあるのです。

繊細な分野は人によって違う

どの分野で繊細なのかは、繊細さんどうしでも違います。たとえば、Aさんは部屋の模様替えをするのが好き、Bさんは模様替えをしてしまうと落ち着くのに時間がかかる、といった具合です。

　繊細さんどうしでも、相手が苦手な分野を自分が得意としていると、うっかり「なんでそんなに気になるの？」と思ってしまうことも（「どうしてそんなに模様替えを嫌がるの？　ソファーを動かしただけなのに」など）。

　日頃から、お互いの得意不得意を話し合っておくといいですよ。

	Aさん	Bさん
部屋のもようがえ	○	×
新しい人間関係	△	○
音	×	×
光	○	○
⋮	⋮	⋮

繊細な分野は人によって違う

「落ち込みスパイラル」に要注意

繊細さんは、一緒にいる相手の影響を受けやすい。相手が楽しいと自分も楽しい！相手に余裕がなくなると自分も余裕をなくしてしまう。そんな経験がある人も多いのではないでしょうか。

ふたりとも繊細さんだと、お互いに相手に影響されて、**「気分の相乗効果」**が起きることがあります。楽しいときはいいのですが、落ち込みスパイラルには要注意です。

私と夫はふたりとも繊細さんです。ある日、夫から「元気ないね」と声をかけられました。

「あれっ、元気ないかな。そうかな？」と心のうちを探ったところ、確かに気持ちが下がり気味。でも自分には落ち込む理由がない……。どうやら、落ち込んでいるのは夫のほうで、私は夫の気分につられていたようなのです。

「落ち込んでるのは、あなたのほう。私、つられてるだけみたい」

夫の感情を感じとって私が落ち込み、落ち込んだ私を見て夫が落ち込む。そんな落ち込みスパイラルが起きていたのです。

このスパイラルはいつも起こるわけではないのですが、**季節の変わり目で体調を崩しやすい時期や引っ越しでバタバタしているときなど、ふたりともストレスが高まっているときは要注意**です。

なんだか落ち着かないと思ったら、「もしかして、相手の影響を受けているのかも」「落ち込みスパイラルに入ってるのかも」と疑ってみてください。「相手につられている」とわかれば、しばらく別の部屋で過ごす、ふたりのうち元気なほうが相手をケアするなど、対策をとることができます。

「断る練習」をすると信頼関係が深まる

繊細さんをパートナーに持つ繊細さんからよく聞くのは、「相手に頼みごとができない」という悩みです。お互いに相手を思いやるあまり、「**頼んだら無理にでもやってくれるのがわかってる。だからなおさら頼めない**」というのです。

でも、頼めないって案外不自由。本当は、頼んで、できることはやってもらい、できないものは遠慮せず断ってもらえるほうがお互いにラクです。

頼みづらいと話す繊細さんに対しては、「ぜひふたりで**『断る練習』**をしてください」とおすすめしています。

ふたりで**「無理なときは『できない』って言おう。できないって言われた側も、嫌われたわけじゃないんだから、落ち込まなくていい」と約束する**のです。

そして、実際に何かを頼むときは、「これをやってほしいけど、どうだろう？　無理そうだったら言ってね」と、相手にやるかどうかの判断を委《ゆだ》ねます。

約束していても、いざ断るとなったらドキドキするかもしれません。「断るときはＬＩＮＥでこのスタンプを送る」「手で×印を作る」など、合図を決めておくと、言葉で断りづらいときにも伝えやすくなります。

一度で完璧にできなくてもいいので、話し合いながら少しずつ断る練習をしてみてください。もちろん頼んだ側も、「無理そうだったら言ってね」と言っている以上、相手が「無理」と伝えてくれたら受け入れてくださいね。

できないことは、できないと言っていい。

できないことは「できない」と言ってくれるから、遠慮せず頼める。

お互いに「できない」と言えるようになる効果は、過度な気遣いが減るといった「ラク」にとどまりません。困ったら頼める、できないときはできないと言えるのは、つまり相手を信じて本音を言えるということ。強い信頼関係につながるのです。

繊細さんどうしでも言葉で伝えよう

繊細さんどうしなら以心伝心、なんでもうまくいくのか？　というと、そうではありません。

ふたりとも繊細だというご夫婦は、「**察してよ、と思っていたときはうまくいかなかった。でも、言葉で伝えるようになって、どんどん仲良くなっていった**」といいます。

繊細さんどうしでも、自分の思いや考えは、黙ったままでは伝わらない。相手の気持ちや状況は、相手自身に聞かなければわからない。

繊細さんどうしなのか、繊細さん×非・繊細さんなのかにかかわらず、「言葉で伝えること」「話し合うこと」が大切なのです。

自分の居場所は自分の中に作る

カウンセリングをしていると「どこにも居場所がない。寂しくてたまらない」という方に出会います。

居場所がない。それは、本当は、自分の中に自分の居場所がないということなのです。

5人に1人が繊細さんとはいえ、繊細さんは世の中全体で見ると少数派です。同じ感覚を持つ人が少ない分、どうしても、相手に深く理解された経験が少ない傾向にあります。

わかってもらえない寂しさがつのると、自分の感覚や気持ちを理解してくれる人が現れたとき、「私の全てをわかってほしい！　全てを受け入れてほしい！」と自分の居場所を相手の中に求めてしまいます。

でも、考えてみてほしいのですが、人間はとてもたくさんの面や感情を持っています。誰かの感情や思考や過去、全てを自分の中に入れることができないように、自分の全てを相手の中に入れてもらうことはできません。

自分の居場所は、まず、自分の中に作ることが必要なのです。

何か大変なことがあったら、「こんな自分はだめだ」と責めるのではなく、「つらいなぁ。よくがんばってきたな」と自分を慰め、いたわる。

自分の中に、自分の居場所をつくること。自分の味方でいること。

それが、人とあたたかく関わるために一番必要なことなのです。

対人関係のコツをお話ししてきましたが、その点をどうか忘れないでください。

コラム　繊細さんストーリー3

自分の感覚を肯定し、共感できる人とつながる

繊細な感性を持つ30代のNさんは、好きなことをまわりの人と分け合いたい気持ちがある一方で「私のことを話しても、みんなわかんないだろうな」とあきらめていたといいます。

たとえば中学の頃、Nさんが好きだったのはマイナーな実力派アーティスト。クラスメイトがアイドルの話で盛り上がっていても「そうそう、いいよね！」と言うことができない。そんな小さな出来事が積もり、いつの間にか「私が思うことは、どこかおかしいんだろうな」と思うようになっていたそうです。

そんなNさんに「自分の感じることは、正しいと思っていいです」と伝えました。「Nさんと同じ感性を持つ人が、必ずどこかにいる。ひとり見つかれば、ふたり、3

人と出てくる」と。

そう聞いて、Nさんは、大好きなアーティストのCDを車でかけていたときに「これ、誰ですか？」と興味を持ってくれた人がいたと思い出したそうです。

「私が感じたことが、私にとって正解なんだ」

自分の感覚を信じ始めたNさんは、日々感じることをSNSに書き始めます。仕事への思いや、日当たりのいい窓辺で食べる朝ごはん、繊細な感覚のこと……。感じることを自分の言葉で丁寧に表現するうちに、SNSを通して共感してくれる人が現れ、交流が始まりました。

自分の感覚を肯定するにつれ、Nさんは、まわりの人に左右されにくくなっていきました。職場や趣味のサークルなど、以前は緊張しがちだった集団の中でも穏やかに過ごせるようになり、共感できる仲間ができたりパートナーに出会ったりと、以前では考えられないくらい多くの人とつながり、世界を広げ続けています。

第4章

肩の力を抜いてのびのび働く技術

繊細さんが仕事で消耗するのは体よりも「頭」

仕事でぐったり疲れて、休みの日はひたすら寝て回復にあてている。

それが当たり前になっていませんか？

そんな繊細さんに、必ず聞いてみる質問があります。

「**疲れているのは、体ではなく頭のほうではないですか？**」

すると、たいてい「そうです！」と返ってきます。

仕事の段取りやメールへの返信、上司の言葉が頭をめぐる。「次はああしよう」「月曜に出社したらあの人にメールを出して……」と未来をシミュレーションしたり、過去のことを「こうやっていたらどうなっただろう」と何パターンも考えたり。いつも考えごとで頭がいっぱいで、休みの日も仕事のことを考えてしまうと話す人も少なくありません。

また、職場で常に気を張っていて、「簡単な仕事なのに1日終わると疲れ切ってしまう」という人も。

こういった「考え疲れ」や「緊張疲れ」があると神経が休まらず、疲れがとれにくくなるのです。実は、その背景には不安があります。

本章では、繊細さんがのびのび働く技術を紹介していきますが、安心感を増やすことでこの「考え疲れ」や「緊張疲れ」を減らしていくのが最大のポイント。

ではさっそく、繊細さんが仕事からストレスを受けやすい代表的な「場面・状況別」の方法へと移っていきます。

マルチタスクを乗り切るシンプル習慣

真っ先に挙げたいのが、**いろいろな仕事が同時に重なると焦ってしまう**、という状態です。

書類を書いていたら問い合わせの電話が鳴って中断される。電話を終えて書類に戻ったと思ったら、打ち合わせの時間がやってきて、さらなる仕事が追加される……。

繊細さんはマルチタスクが苦手な傾向にあります。「一度にあれもこれもと仕事を頼まれるとパニックになりそうになる」と話す人も。

繊細さんは、さまざまなことを感じとり、深く考えながら仕事をします。一つひとつの仕事に集中して丁寧に仕上げるのが得意です。

一方、マルチタスクは、広く浅く全体を眺め、意識を向ける対象をぱっぱと切り替えて仕事をするスタイル。**繊細さんの得意な仕事スタイルとは真逆**です。

それでも組織に属していると、複数の仕事を抱えることは避けられません。

繊細さんはどうしたらいいのでしょう？

「一つひとつやっていこう！」で自分の得意技に持ち込む

あれもこれもと頼まれて焦る。仕事が山積みだ。

そんなときの合言葉は「**一つひとつやっていこう！**」です。

えっ、そんなこと？　と思うかもしれません。

でも、この当たり前のことこそ一番着実なのに、忘れがちなことなのです。

仕事が押し寄せると「あれもこれも」と頭の中で考えが舞って目の前の仕事に集中できず、よけいに慌《あわ》ててしまう。そんなとき「一つひとつやっていこう！」という合言葉には、**目の前の仕事とは関係ない考えを頭から追い払う効果**があります。

そして繊細さんは、もともと一つひとつやるのが得意。

「一つひとつやっていこう！」は、自分の得意な「一つひとつ」という仕事スタイルに頭の中を切り替えられる、魔法の呪文でもあるのです。

どんなにたくさんの仕事があっても、実際に手を動かせるのは、誰だってひとつだけ。深呼吸をして、一つひとつ片付けていきましょう。

優先順位をつけるより、重要なものをひとつだけ選ぶ

あれもこれもやらねばならないとき、「優先順位をつけましょう」とよく言われます。優先順位をつけてうまくいく人はOK!

でも、優先順位をつけるのが苦手な人は、無理にしないほうがいいのです。

というのも、繊細さんの中には「優先順位をつけようとしてますます混乱する」という人がいるから。

それぞれの仕事の段取りを想像し、どの順番でやればいいのかを注意深く考える。考えているあいだに次の仕事が舞い込んで、ベストな順番が変わっただろうから、また考え直す……。深く考える繊細さんにとっては、優先順位づけそのものがさらなる「仕事」になってしまうのです。

そこで私がおすすめしているのは、**重要なものをひとつだけ選ぶ**こと。

すべてに順番をつけなくていいから、**絶対に今日やらなければならない大切な仕事を、ひとつだけ選びます。そして、やる。**電話やメールや会議で中断しても、またその仕事に戻り、終わるまで、あるいは目処《めど》がつくまでやる。

終わったら、次に重要な仕事をひとつ選んでとりかかる。その繰り返しで1日を進めるのです。

最後まで「重要」に選ばれなかった仕事は、時間が経つにつれ、やる必要がなくなることもしばしば。**仕事そのものが減っていく効果があります。**

重要なものを選んで一つひとつやることで、仕事が確実に片付いていきます。

もしこの方法でやっても終わらないのであれば、それは、**自分ができる仕事量を越えている**ということ。

上司に相談してやらない仕事を決めてもらう、同僚に手伝ってもらうなど、他の人の力を借りる必要があります。ひとりで全部やろうとせずに、まわりの人に相談してみてくださいね。

「繊細さんは仕事が遅い」は本当？

「仕事に自信を持てない。一つひとつの仕事にすごく時間がかかるんです」

そう話すのはメーカー勤務のSさん。商品に使われる多種多様な部品の購入を手配するのが彼女の仕事。商品を生産する工場や営業、取引先など多くの関係者と連絡をとりながら仕事をしているそうです。

メールを送る際には、「このことも知らせておいたほうがいい」と想定される質問への答えや、気をつけてほしい点なども詳しく書く。メール1通送るのにとても時間がかかるといいます。

繊細さんを悩ませる「自分は仕事が遅い」という思い。

これには大きく分けてふたつの理由があります。

ひとつ目は、部署の雰囲気を感じて自分まで急かしすぎているということ。

職場が忙しい雰囲気だと、繊細さんはいつの間にかそれを感じとって、必要以上に自分を「もっと早く！　もっと効率よく！」と急かしてしまうのです。

ふたつ目は、リスクへの対処に時間が必要ということ。

繊細さんは「あの情報も必要だろう」「もっとこうしたほうがいい」という改善点から「これをやっておかないとあとで困る」という未来のリスクまで、数多くの「やっておいたほうがいいこと」に気づきます。

繊細さんから見ると、仕事のゴールまでには多くの落とし穴――潰《つぶ》しておくべきリスク――があります。先回りしてリスクに対応しようとするので、リスクに気づかず突っ走る同僚と比べると時間がかかるのです。

この繊細さん仕事の仕方は、決して「遅い」とは限りません。手戻りが少なかったり、深く考えるおかげで他の人が気づかない効率的な方法を編み出していたりと、トータルで見れば同僚たちと同じスピードか、ときには**早いことさえある**のです。

繊細さんと非・繊細さんのリスク対処

「自分は仕事が遅いのか」確認してみた

私自身、メーカーで商品開発をしていた会社員時代は「仕事が遅い」と思っていました。

実験ひとつとっても、後輩は次々に進めているし、先輩は要点を絞って短時間でサッサッと済ませてしまう。それに比べると、結果に誤差が出ないよう入念に条件をそろえ、測定器のノイズを取り除いて……と、一つひとつ準備を終えないと取り掛かれない自分は、ずいぶん仕事が遅いと感じていたのです。

自分は仕事が遅いから、もっとがんばらなければ。この思いが、休職に至るまで自分を追い詰めた原因のひとつだと思っています。

休職から復職後、恐る恐る同僚に尋ねてみました。

「私、自分では仕事が遅いと思うんだけど……実際にはどう見える?」

同僚は首をひねって「不思議なんだよね」と言います。

「動作も仕事もゆっくりに見えるんだけど、それでいて、ベテランと同じぐらいの結果を出すから、不思議」

その言葉は目からウロコでした。

当時は毎日夜中まで働き、ゴールデンウィークも休めない忙しさ。次から次へと降ってくる仕事をこなすのに精一杯で、振り返る余裕がなかったけれど、決して遅くはなかったんだな。「よくできてる」という上司の言葉も、自分がちゃんと受けとれていなかっただけなんだなと思ったのです。

私は仕事が遅いのではないか?

そう思うからこそ確かめるのは怖いのですが、そんなふうに思う人は、事実を確かめてみてください。

慎重だから大きなミスがない、手戻りが少ないから結果的にスムーズ、など未然に防がれたものは目立ちませんが、確実に成果につながっています。

同僚や上司が「よくできてるよ」と言っているなら、「気を遣ってそう言ってくれたんじゃないか」などと思わず、「**そうなのか、よくできているのか**」「**自分で思うよりも、できているみたいだな**」と、そのまま受けとってくださいね。

最大の悩み――「いつも私だけ忙しい」から脱出するには

これから繊細さんが働くうえでぜひ身につけていただきたい、とても大切な習慣をお伝えします。

「同僚のフォローをしているうちに、大変な仕事が自分に集まるようになった」

「やらなきゃいけない仕事があるのに、みんな忙しくて手が回らないから、私が引き受けて夜遅くまでやっている」

こんなふうに、職場における繊細さんたちの「最大の悩み」は、とにかく忙しくなりがちなことです。なかには「もう少し時間に余裕がほしいと思って転職するけれど、どの仕事でもいつの間にか忙しくなる」と話す人もいます。

なぜ、繊細さんは忙しいのでしょうか？

繊細さんは非・繊細さんより多くの物事に気づくため、気づいたことに片端から対応していると、**処理する量が単純に多くなり疲れ果ててしまう**のです。

そのため、**気づいたことに半自動的に対応するのではなく、対応すべきものと放っておくものを自分で選ぶ必要があります。**

「気づく」と「対応する」を分ける

具体的には、自分の行動を「気づく」と「対応する」に分けて考えます。

1. 気づくのはOK！

繊細さんは、作業する、メールを見る、といったごく普通の行動をしているだけで、「この部分に無駄がある。こうすればもっと効率化できるんじゃないか」「この問い合わせには、こちらの状況も伝えておいたほうがいいだろう」などと、次々と改善すべき点に気づきます。これはＯＫ。繊細さんにとって「気づく・気づかない」は、自分の意志でコントロールできるものではないのです。

2. 対応するかどうかは、自分で選ぶ

さて、ここからが肝心。気づいたことに対応するかどうかは、自分に余裕があるか見ながら判断します。

たとえば、メールの返信で、「聞かれたことに答えるだけではなく、こちらの状況も伝えたほうがいい」と気づいたとき。

サクッと状況を伝えられるなら対応してもOK。もし、状況を同僚に確認し、言い回しや伝える順番を考えて、資料も添付して……と、**芋づる式にやったほうがいいことが出てきたら、いったん手を止める**。時間をかけてでもやるべきことなのか、考えてみてください。ときには「気づいても対応しない」という選択も必要です。

なぜかいつも忙しくなる、仕事が溜まっていく。そんなときは「気づいたこと全てに対応しようとしていないか?」を振り返ってみてください。

心身ともに健康に働くためには「**対応すべきことを自分で選ぶ**」「**致命傷でなければ、対応せずに放っておく**」ことがとても大切なのです。

「気づかないあの人」の真似をしてみよう

前の項で、「対応すべきことを自分で選ぼう」と書きました。

「職場でそんなことできない！」と思った方もいるかもしれません。

ですが、生命に関わる場合を除き、「気づいても対応しない」という選択肢は存在します。

実際、職場を見渡すと「自分より気づかない人」あるいは「気づいても対応しない人」がいるのではないでしょうか。

電話が鳴っても出ない人、仕事が残っていても定時になれば「お疲れ様です」と切り上げる人、改善を提案しても「そうしたほうがいいのはわかるけど」と現状のやり方を続ける人。

繊細さんにも、「気づかないあの人」「動かないあの人」と同じように振る舞う選択肢があります。

あれもこれもと仕事に追われるときは、**気づかない同僚を思い浮かべて、「あの人でもここまでやるだろうか」と考えてみてください。**「やらないかも」「もうちょっと手を抜くかも」と思ったら、自分も手をゆるめてみる。気づかない同僚をモデルに、少しずつ自分の「やらなきゃ」の縛りをゆるめてみましょう。

職場でぼーっとする意外なメリット

介護施設で働くKさん。夜勤もこなす彼女は、職場で休めないという悩みを抱えていました。夜勤で一緒になる同僚は**「聞こえてないのかなと思うぐらい」コールに出てくれない**ため、いつも自分が対応しているといいます。

夜勤では決められた休憩時間もあるそうなのですが、雑談している同僚をよそに、Kさんは翌日使う器具の準備に、コールへの対応にと、休めないまま働き通しだといいます。

そんな彼女に、私から**「率先して動くのをやめて、職場でぼーっとしてみよう」**と宿題を出しました（もちろん介護施設の利用者さんに危険のない範囲で、です）。

すると、どうなったでしょう。コールが鳴ると同時に手を伸ばしそうになるのを一瞬だけこらえることで、同僚がコールをとるようになったそうです。

「この人、コールとるんだ！　と思いました」とKさん。今まで、ピストルが鳴ったと同時に走り出す陸上選手のように、**やるべき仕事をキャッチしては率先して動いていたため、同僚の出番がなかった**のです。

気づかない同僚をお手本に「やらなきゃ」をゆるめていったKさん。夜勤でも、ソファに座って休憩することができたそうです。

率先して動くのをやめても、休憩しても、大丈夫。

自分がすべてを背負わなくても、仕事は案外進んでいくのです。

電話をとる・とらない？「葛藤疲れ」をなくすマイルール

Kさんの例は介護施設でしたが、「職場で電話が鳴るたびに、とるかどうか悩む」という方もいるのではないでしょうか。

忙しい中、電話をとれば対応に時間をとられてしまう。電話が鳴るたびに「誰かとってくれないか」と願ってみたり、書類作成に忙しいフリをしてみたり。かといって同僚たちの忙しい状況もわかるので、聞こえないフリをしている自分にも罪悪感がわく……。

このような葛藤《かっとう》は、繊細さんを疲弊《ひへい》させます。「周囲への配慮」（みんな忙しそう）と「自分の利益」（でも私も忙しい……）が対立する場面では、さまざまな考えが頭をめぐり、何もしていなくても疲れてしまうのです。

この葛藤疲れを防ぐには、マイルールが有効です。

たとえば、電話をとるのは3回に1回だけと決める。鳴るたびにとるかどうか迷うのではなく、「さっきとったから、今回はとらない」「2回スルーしたから、次はとる」とルールに基づき判断するのです。

電話の他にも、**「上司に質問したいけどどうしようか」「食器を片付けてから寝るか、翌朝片付けるか」といった、毎回のように生じる悩み、悩む時間がもったいないと思える場面で特に有効**です。

ルールによって、際限ないシミュレーションを止める。最初は戸惑うかもしれませ

「葛藤疲れ」をなくすマイルール

んが、ルールの運用に慣れてしまえば、「こうしよう」「ああしよう」「でも……」と考えることなく行動に移せます。

ちなみに、マイルールは「もし／ならば」という形で作っておくのがおすすめです。起きやすい問題と対処法をセットで考えることで、実行に移しやすくなるのです。

例

- もし電話が鳴ったら、3回に2回は無視し、3回に1回とる
- もし上司に質問しようか悩んで10分経ったら、席を立って聞きに行く

ある相談者さんは電話に出るのは3回に1回だけと決めたところ、電話に緊張することが減り、仕事後のぐったり感が和らいだとのことでした。

葛藤疲れには、マイルールで対処。

この小さな工夫を、ぜひ取り入れてみてください。

「いいと思えること」を仕事にする

営業、事務、看護師、教師、アーティスト、秘書、経営者など、さまざまな職種の繊細さんに会ってきました。

どんな職業であっても、気持ちよく働いている繊細さんには、「**共通点**」がありま す。それは、**自分が思う「いいこと」「いいもの」を仕事にしていること**です

営業であれば「**自分が心底いいと思える商品だと、自信を持って売れる。自分が好きじゃないもの、納得行かない商品を売らないといけないのは苦しい**」ということ。

これは一見当たり前に思えるかもしれませんが、世の中には、思い入れのない商品でも「これが仕事だから」と売っていける人もいます。

繊細さんは感じる力が強く、良心的。心の中の小さな違和感を「まぁいっか」と流したり、なぁなぁにしたりすることができません。「この商品、あってもなくてもい

いよな」と思っていると、売るたびに嘘をついているような気がしてストレスが溜まるのです。

逆に、「この商品は役に立つ」「お客さんのためになる」と思えるものを扱うと、自分で売り方を工夫していきます。

いいと思えるものを扱うと工夫して成果をあげる一方で、いいと思えないものに関わると消耗してしまう。そんな繊細さんがやりがいを持って働くには、自分が扱う商品やサービスを「いい」と思えるかどうかも大切なのです。

この「いい」「悪い」は、世間的に見た「いい」「悪い」や、稼ぎが「いい」「悪い」、誰かの言う「それっていいことだよね」とは異なります。

あくまでも**自分がその仕事をどう思うか**が大切です。

繊細さんのお話を聞いていると、同じ物事について正反対の価値観に遭遇することがあります。

雑貨屋で働くAさんは便利グッズやアイデア商品が好き。次々に発売される新商品を「次はこれが売れるんじゃないか」と予想しながら発注するのが面白いといいます。

一方、雑貨の卸で働くBさんは、低価格の商品が大量に流通するのを目の当たりにしてモヤモヤ。「地球の資源を大切に、永く大切に使われるものを扱いたい」という自分の思いに気づき、転職を検討しています。

Aさんと B さん、両者が関わっているのはどちらも「雑貨」なのですが、ふたりの思いは全く異なります。Aさんは雑貨を扱うのが幸せ、Bさんにとって雑貨は幸せに反する。どちらがいいというのではなく、ただそれぞれ「いい」と思うことが違うのです。

自分は何を「いい」と思っているのか?

それはすなわち、自分が何を幸せだと思っているのか、ということ。

自分が思う「いいこと」ができる仕事に就くと、働くたびに「今日もいいことをしたなぁ。よかったなぁ」と心が満たされていきます。

不機嫌な人への対処法――他人の感情は放っておく

「職場に不機嫌な人がいて、同じ空間にいるだけでぐったりしてしまう」

「小さなことで文句を言われたりキツイ言い方をされたり、八つ当たりされやすい」

そんなとき、どうしたらいいのでしょう？　対策は次の3つです。

- 「この人機嫌悪いなー」と思って、放っておく
- できるだけ物理的な距離をとる
- 相手ではなく自分をケアする

繊細さんは、まわりの人の感情に気づくからこそ、なんとかしなければと「明るく声をかける」「不機嫌な相手ほど手厚く対応する」といった行動をしがち。

でも実は、そうやって**対応すればするほど、相手は繊細さんに寄りかかります。**「オレの機嫌をあんたがなんとかしてくれよ！」とばかりに、ささいなことに文句を言ったり、八つ当たりしたりします。相手に配慮するという繊細さんの長所が、不機嫌な相手に対しては裏目に出てしまうのです。

その人の機嫌は、その人のもの。誰かが立て直し続けることはできません。

不機嫌な人や八つ当たりをする人に対しては、物理的にも心理的にも距離をとり、寄りかからせずに放っておく必要があるのです。**誰かの機嫌が悪いと気づいたら、「機嫌悪いんだなー」と思うにとどめ、あ**

機嫌が悪い人からは離れる

とは放っておいてください。

とはいえ、不機嫌な人のそばにいると落ち着かないもの。**お手洗いに立つ、他の場所で作業するなど、できるだけ相手から離れましょう。**家族の機嫌が悪いときは、お散歩や買い物に出かけるなど、思い切って外出してしまうのもひとつの手です。

不機嫌な人のそばで動揺したら、不機嫌な相手をケアするのではなく、穏やかな人と話す、女性ならハンドクリームを塗るなど、**自分をケアする行動**をとってみてくださいね。

「がんばっても自信を持てない」ときのチェックポイント

会社員のSさん。チームをまとめる役割を期待されているものの、いつも自信がなく、仕事に前向きに取り組めないといいます。

後輩は業務の処理が早く、同僚は英語が堪能。後輩の仕事ぶりを見ては「私ももっと早くメールに対応できるようにしないと」とメールチェック・即返信をしようとし、英語が堪能な同僚を見ては「家に帰ったら英語を勉強しないと」と焦る。メンバーの優れたところを見ては、あれもこれもできるようにならなければと落ち着かないといいます。

「あれもこれもと追われて、がんばってもがんばっても自信を持てない」

こんなご相談には共通点があります。**自分の得意なことに気づかず、苦手の克服に注力している**、ということです。

Sさんは業務のスピードも英語も得意なわけではありません。Sさんがしていたのは、実は「苦手を克服するがんばり」だったのです。

「苦手を克服するがんばり」と「得意を活かすがんばり」

がんばりには2種類あります。

ひとつは「苦手を克服するがんばり」、そしてもうひとつは「得意を活かすがんばり」です。

苦手を克服しようとがんばるのは、自分に鞭打つがんばりです。まるでカヌーで川上りをするようなもの。漕《こ》いでも漕いでも気を抜けば押し流される。がんばれば人並みにはなるけれど、もともと得意な人ほど上手にはなれない。

「このプロジェクトのあいだだけ」「英語は、ひとまず日常会話を話せるようになろう」など、期間やレベルを区切ってがんばるのなら、川上りもＯＫ。

ところが「同僚の得意に注目して、自分の得意に目が行かない」「今の仕事のメインが、実は苦手のカタマリ」となると、ずっと川を上り続けるような果てしないがんばりが続きます。

「苦手なこと」は「向いていない」ともいえます。向いていないことをがんばっても努力の割には成果が出ない。苦手に意識を向けることでかえって自信を削られ、不安と焦りでへとへとになってしまうのです。

一方、**得意を活かすがんばりは「自然ながんばり」**です。もともと得意だから自然とできるし、努力がそのまま結果につながる。カヌーでスイスイと川を下るようなイメージです。

先ほどのSさんの場合、業務効率化の本などは、誰に言われるでもなく夢中になって読んでいたといいます。チーム全体を見て、みんなの仕事をラクにする仕組みをつくる。根本的な改善をする。これがSさんの得意なことであり、注力すべきがんばりです。チームリーダーという立場は、実はSさんに合っているのです。

ただ、リーダーとはいえ自分もメンバーの一員として業務をこなさねばならず、自分が得意なこと――業務効率化や仕組み化――に集中できる環境ではなかったため、

 つい目先の苦手なことに目がいき、自信を削られていたのです。

2種類のがんばり

仕事の仕組み化ができるまで目の前の仕事はメンバーに分担してもらうなど、自分の得意を活かす決意をしたSさん。得意に目を向けることで心が落ち着き、仕事のモチベーションが上がったといいます。

苦手を克服するよりも、得意を活かそう！

がんばってもがんばっても自信を持てない。そんなときは、苦手の克服に注力していないか、振り返ってみてください。

仕事では、苦手の克服よりも得意を活かすほうが断然おすすめです。得意なことは、自分に合っていること。楽しいから自然と努力でき、自然ながんばりで結果を出せる。結果が出るからさらにやる気が出て、自分から工夫を重ねる。何度もやるうちに習熟し、もっと大きな成果につながる。

仕事で得意を活かし始めると、やる気と成果のトルネードが起こるのです。

仕事で得意を活かしたい！　そう思ったら、自分の得意なことを書き出し、仕事で使うにはどうすればいいか、考えてみてくださいね。

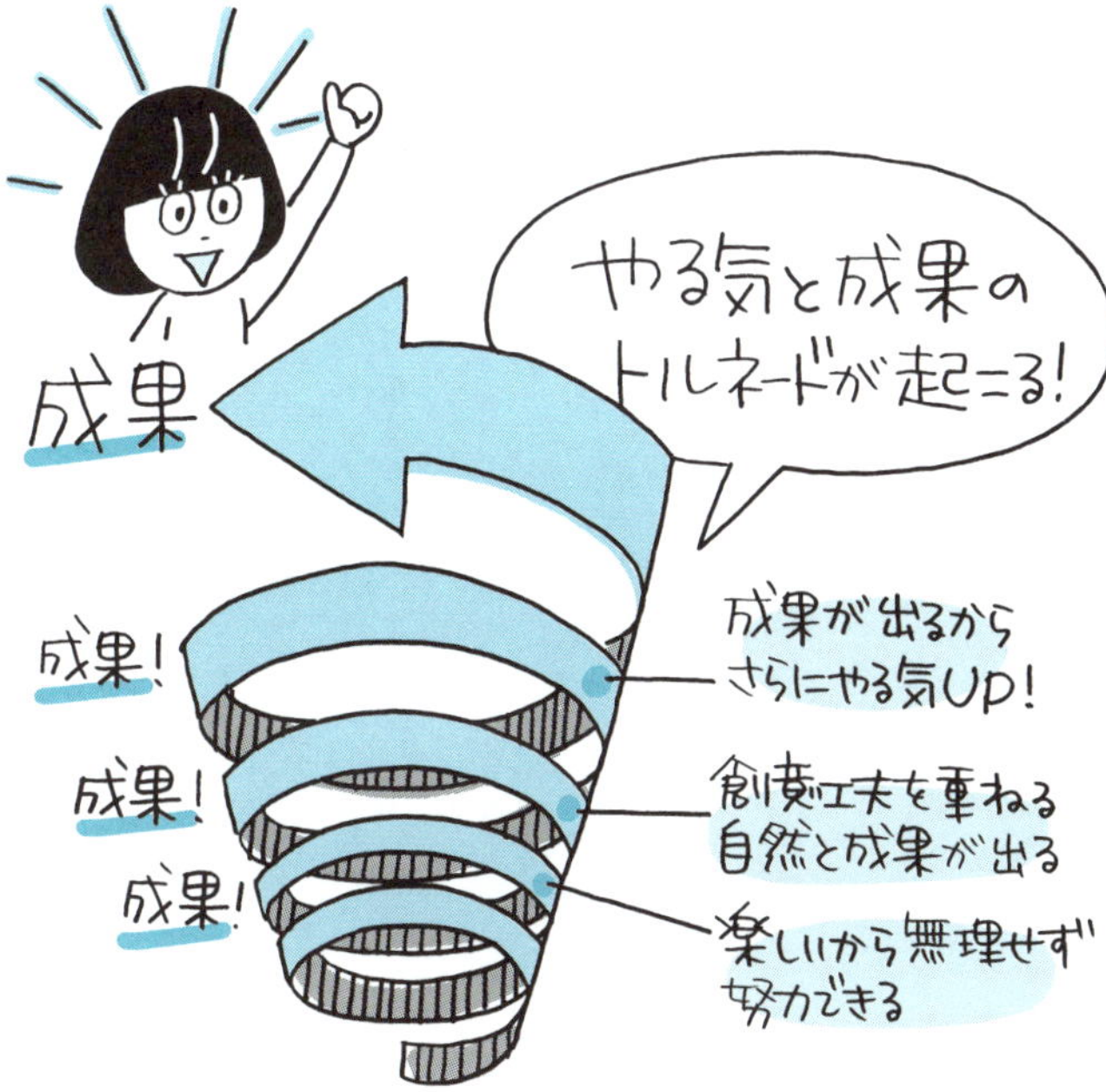

得意を活かすと自然にがんばれる

「幸せに活躍できる仕事（適職）」の選び方

「繊細な人に合う仕事ってありますか？」

多くの繊細さんからされる質問です。

看護師、公務員、教師、コンサルタント、伝統工芸の職人、ハンドメイド作家、システムエンジニア、経営者……実にさまざまな職種の繊細さんたちから相談を受けてきました。繊細さんはあらゆる業種・職種にいます。

一人ひとり、やりたいことも得意なことも違うため、「繊細さんに合う仕事はこれ」という答えは残念ながらありません。

たとえば「困っている人の日常のお世話をすることが合っていて、介護の仕事が本当に好き」という繊細さんと話した数日後に、別の繊細さんから「困っている人に寄り添いたいと思っていたけど、介護の仕事は合わなかった」とご相談をいただくこともあるのです。

画一的な答えはないものの、600名を超える繊細さんたちから相談を受けて、**繊細さんが充実感を感じながら幸せに働くための条件**がわかってきました。

それは次の3つです。

1. 想い——やりたいこと、いいなと思えること
2. 強み——得意なこと
3. 環境——職場環境や労働条件

これらが満たされるところに、幸せに活躍できる仕事＝適職があります。

繊細さんが「今の仕事は自分に合っているんだろうか？」と悩むとき、大きく3つのケースに分けられます。

ひとつ目は、**仕事がつまらないケース**。

やりたいと思える仕事ではなかったり、会社の商品・サービスに関心を持てなかっ

たり。そうすると「お給料はいいし、職場の人たちも優しい。でも、どうしても仕事がつまらない。やりがいがない」となります。「今の仕事に関する勉強をもっとしないと……とは思うけど、なかなかやる気になれない」と話す繊細さんも。

仕事に悩むふたつ目は、**仕事に強みを活かせていないケース**。「努力しているけど、なかなか上達しない。どんなにやってもうまくいかない」「社内でもっと認められたい。でも、何かがすごくできるわけでもないし……」という状態です。苦手なことを仕事にしていると特に、がんばっても結果が出にくい。

そして最後、3つ目は、**職場環境や労働条件が合わないケース**。「やりたかった仕事で結果を出し、高く評価されているけれど、忙しすぎてつらい」「シフト勤務だと落ちつかない」「職場の人とどうにも合わない。話が通じないし、考え方が根本的に違う」などです。仕事内容が合っていても心身の消耗が激しいと続けられません。また、職場の人と価値観が大きく違うと、自分がよかれと思ってした仕事が歓迎されないなど、がんばりを評価されにくい。

幸せに活躍し、かつ、無理なく働き続けるためには、

・やりたいと思えるか（想い）
・得意を活かせるか（強み）
・働き続けられる職場環境かどうか（環境）

この3つに着目して仕事を選ぶ必要があるのです。

自分が幸せに働ける仕事はなんだろう？　そう思うときは、ぜひ一度、ゆっくり時間をとって、

・やりたいことはなんだろう？（想い）
・得意なことはなんだろう？（強み）
・どんな人たちと、どんなふうに働きたい？（環境）

と、考えてみてくださいね。

適職の3条件

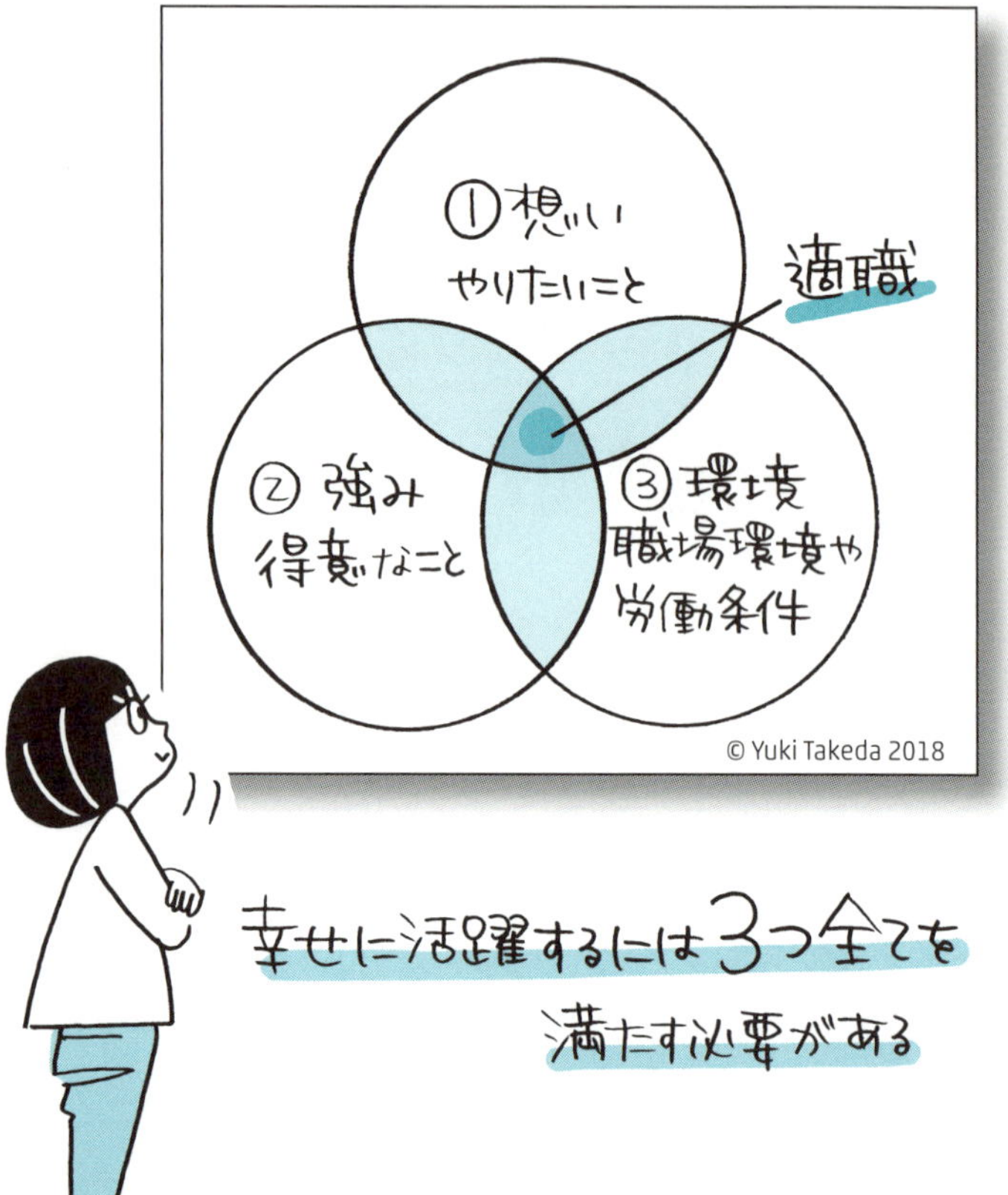
①想い
やりたいこと
②強み
得意なこと
③環境
職場環境や
労働条件
適職
© Yuki Takeda 2018
幸せに活躍するには3つ全てを
満たす必要がある

全力で逃げるべきときがある

　ここまでのびのびと働く技術をご説明してきましたが、最後に、繊細さんに知っておいてほしいことがあります。それは**「仕事よりも心身の健康が大切だ」**ということです。

　繊細さんは良心的でがんばり屋。ストレスフルな職場環境でも「自分がやらなきゃ」「いま仕事を辞めたら同僚に負担がかかる」と思うあまり、**限界を越えてがんばりすぎる傾向にあります**。

　でも、仕事がうまくいかないときって、「人が足りない」「納期が短い」「部署間のコミュニケーションがうまくいかない」など、組織全体の問題であることも多いのです。自分ひとりのがんばりで対応しようとするのは無理があります。

「しんどい状況の中、同僚もがんばっているから」「みんなストレスを感じながら働いているのだから」というのは、繊細さんがその職場にい続ける理由にはなりません。しんどさのレベルが、繊細さんと非・繊細さんでは異なります。

仕事は本来、自分を幸せにしてくれるもの。繊細さんが自然体で、肩の力を抜いて実力を発揮できる仕事が世の中にあります。自分に鞭打つようなストレスフルながんばりはあくまで「期間限定」にしてください。**自分に鞭打つがんばりが長期間続いているのなら「何かおかしい」と疑問を持たねばなりません。**「この働き方をこれからも続けていくんだろうか」と、立ち止まって考える時間が必要です。

仕事のストレスが強いからと繊細な感覚を封じるのは、雪山で寝るようなもの。感覚が鈍ると、ストレスがかかっていることがわからなくなり、気づいたときには心身ともに疲弊しきっているのです。

忙しいときこそ、繊細な感覚で、心と体の状態をよく観察してください。肩こりはどうか、胃の調子はどうか。女性なら生理痛はひどくなっていないか。楽しいことを楽しいと感じられるか、電池が切れるように眠るのではなく、心穏やかに眠れているか。

体の調子が悪いようなら、回復するまでは残業を減らす、休暇をとるなど自分を休ませてあげてください。心身を壊してまでやるべき仕事など、ないのです。

「この仕事／職場にい続けたらまずい」

そう思ったら、同僚にどれだけ迷惑をかけようと、仕事の責任が残っていようと、すべて放り出して全力で逃げてください。

人生には逃げるべきときがあります。仕事よりも他人よりも、自分の心身を最優先にしてください。

コラム　繊細さんストーリー4

まわりに相談することで、働きやすい環境を作る

やりたいことができる仕事へ転職したMさんは、新しい職場で働き始め、改めて自分の繊細さに気づいたそうです。

満員電車でつぶされて、職場の最寄り駅に着くだけでエネルギーを使い果たしてしまう。人が密なオフィスで1日中過ごすことに緊張する。ちょっとしたことで怒り出しそうな先輩がおり、話す内容や言葉遣いに気を遣う……。

こんなふうに困っているときでも、繊細さんは「まわりの人を心配させないように」「嫌な思いをさせないように」と思い、なかなか表に出しません。まわりの人は繊細さんほどには相手の状況を察知できないため、繊細さんが平気なフリをしてしまうと本当に気づけないのです。

でも、Mさんは悩みをまわりの人に伝えました。

満員電車については、人事に相談。「職場の最寄り駅に着くだけでため息が出ちゃうんですよね」と漏らしたところ、人事担当者に共感してもらえたそうで、フレックスタイムを使わせてもらえることになりました。座れはしないものの、電車でつぶされることはなくなったといいます。

仕事環境は上司に相談。「まわりに人がいないほうが集中できます」と伝えたところ、「集中したいときは空いている会議室を使っていいよ」と言ってもらえました。

さらに、上司との定期面談で先輩との付き合い方を相談。「悪い人じゃないってわかってるんですけど」と前置きした上で「どことなく気を遣う雰囲気があります。みなさんどうなさってるんでしょう……?」と聞いてみたところ、付き合い方のヒントをもらえたそうです。

こうしてMさんは自分の働きやすい環境を整えていくことができたのです。

困りごとを言葉で伝えることで、助けてくれる人が現れます。「こんなことで困っています」「こうしたいんですが、いいでしょうか?」と、まわりの人に打ち明けることから始めてくださいね。

第5章

繊細さんが自分を活かす技術

私が自分の「繊細さ」と仲良くなるまで

繊細さはストレスを感じやすいという大変な面もありますが、気持ちいい、嬉しいなど、幸せを深く味わえる、とてもいいものです。

本書ではここまで、繊細さの仕組みからスタートして、人間関係でストレスを受けない対処や、職場で肩の力を抜いて過ごす方法をお伝えしてきました。

疲れやすいなあ、と思っていた方も、紹介してきた方法を取り入れていただければ、ずいぶんラクに過ごせるようになると思います。

でも、もっと先のステップがある――繊細さの大変な面をケアするだけでなく、いい面を活かすことができるのです。

締めくくりとなるこの章では、繊細さんの素敵なところを紹介し、その活用術を見ていきます。その前に――私自身の話をさせてください。

自分に鞭打って働いた会社員時代

この本を書いている私自身、繊細な気質を持っています。思い返せば幼い頃から繊細でしたが、「どうやら他の人より繊細らしい」と気づいたのは社会人になってからでした。

大学卒業後はメーカーへ入社し、技術者として商品開発を担当。上司と仲間に恵まれてはいたけれど、毎日忙しくて夜中まで働きました。部品の小型化に成功する、特許出願で表彰されるなど、仕事上の成果を出していたものの、どんなに評価されても自信を持てず「あれもこれもやらなくては！」と自分に鞭打つ日々。

新商品の発売日が迫り、あまりの忙しさに部署内で休職者が出始めます。注意喚起が行われたときにはもう遅く、重要な実験データを提出し終えた翌朝、糸が切れたように会社に行けなくなりました。入社6年目のことでした。

「なぜ自分はストレスに耐えられなかったのだろう」

一緒に働いていた同僚や上司に申し訳なくて、泣きながら自分を責めました。1ヶ月ほど休みをもらって復帰するつもりでしたが、会社のロゴを目にしただけで涙があふれ、どうしても行くことができません。休職は約2年に及びました。

休職を経て、繊細な自分に気づく

静かに絵を描いたり、空を眺めたり……。

働けないまま家にこもり、ひとりの時間を過ごすうちに、自分の静かな面に気がつきました。役に立たないことを無駄だと思い、職場で常に気を張っていた自分とはまるで別人のような、静かで穏やかな自分。

それは、大人になるにつれて忘れていた「繊細な自分」でした。

エレイン・アーロン博士の『ささいなことにもすぐに「動揺」してしまうあなたへ。』を読み、ＨＳＰという気質を知ったのも、この頃です。

2年間の休職を経て、復職。実験室でデータをまとめていたときのことです。

「ああ、こうすればいい」

どのデータをどう計算するべきか、今後やるべき実験は何か。すいすいと思考が進んでいく、とても不思議な感覚にとらわれました。はるか先まで見通しがきき、遠くまで手を伸ばせるような……とても静かで力強い感覚でした。考える間もなく、自分が何をどうすればいいのかがわかる。

それは、仕事で繊細さが全開になった最初の経験でした。

会社を辞め、自分の得意なことを活かせる仕事を模索する中で、相談業を始めました。

独学でのスタートでしたが、なぜだか最初からすごくうまくできる感覚があり、相談者さんからも次々に喜びの声が届きます。

「私のことがどうしてそんなにわかるんですか？」

そう驚かれることが何度もありました。

声のトーン、仕草、目の動き、特有の言葉遣い……小さなシグナルをキャッチして、相談者さんの本当の望みを洗い出しています。

言葉にならない相手の本音を感じとること、丁寧に仕事をすること、小さな情報を数多く拾って最善の一手を予測すること。ストレスの多い職場で裏目に出ていた繊細さが、自分に合う環境では大きな力になることを実感しました。

ストレスを感じやすかったり疲れやすかったり、繊細さには大変な面があるけれど、そこも含めて私は「繊細さっていいものだ」と思っています。

おいしいごはんを味わって食べること、「娘のまつげが伸びた」という夫の観察眼に惚《ほ》れること、相談者さんと深く心の内を話し合うこと。

毎日の小さな幸せも仕事の充実感も、繊細な感覚を通して味わっている気がするのです。

600名を超える繊細さんと出会い、つくづく思うことがあります。

それは「**人は、自分のままで生きると元気だ**」ということです。

繊細さんにとって繊細さは、自分を構成する大切な一部分。繊細さを「いいものだ」と受け止めることは、自分を「いいものだ」と肯定することにつながります。

「私には、繊細なところも大雑把なところもあるよ。それが私」

そんなふうに、自分をまるごと引き受けて生きていけたらいいんじゃないか。そう思っています。

繊細さんに共通する「5つの力」

繊細さんに共通する強みが5つあります。

感じる力、考える力、味わう力、良心の力、直感の力です。どの力が強いかは個人差があります。

ではさっそく、繊細さんに共通する5つの力を見ていきましょう。

感じる力

感じて行動する、感じたことをもとに想像を広げて考える、感じたことを深く味わう。感じる力は全ての行動の出発点です。

人間関係

- 相手の話を深く受け止めながら聞ける
- 相手のニーズを感じとり、細やかにケアする
- 相手のいいところを見つける

仕事

- 他の人が気づかない小さな改善点に気づく
- リスクを察知する
- 相手の動作を見て、いつの間にか自分もできるようになる

趣味など

- 小さな仕掛けやこだわりに気づいて楽しめる
- 日常の小さな嬉しさをキャッチする

ざっと挙げても、これだけあります。

特に強調したいのは、繊細さんはとても「聞き上手」という点です。

なかには「あまり親しくない相手からも悩みを打ち明けられる」という人も。これはスキルによる表面的な聞き上手ではなく、**相手の言葉を深く受けとる、親身に耳を傾ける、相手を尊重する、といった繊細な感性がもたらす真の上手さ**です（もちろん、繊細さんが傾聴やコーチングなど話を聞くスキルを学ぶとさらに上手になります）。

価値観の異なる相手であっても簡単には否定せず、話の背景に思いを馳《は》せて「そういう考え方があるんだ」「それもいいね」と、おおらかに話を聞ける。**話し手からすると、安心して話せるし、受け止めてもらえる感じがする**のです。

感じる力は、仕事においては他の人が気づかない小さなことにも気づく、問題点を察知するといった形でも現れます。

ぱっと書類を見た瞬間に誤字脱字に気づく、チラシやパンフレットなどデザインを作り込むときに数字のフォントが一文字だけ違っていることに気づく。誤字脱字を一つひとつチェックすることに比べたら、見ただけで気づけるのは便利ですし、ミスの少ない丁寧な仕事につながります。

そして、感じる力はミスの防止だけではなく、**スムーズに仕事をする**ことにも役立ちます。

一例として、繊細さんの中には、相手の動作を見てコピーすることに長《た》けた人がいます。アルバイトで入った厨房《ちゅうぼう》で、先輩の動きを見ているだけでいつの間にか自分もできるようになる。先輩が資料を作成する様子を見て、パソコンソフトの使い方や資料作りの要点を習得する、といったことが挙げられます。

なぜその手順なのか、どう動くと効率がいいのかなど、相手の動作の意味や背景までなんとなく感じとるからこそ、上手に真似できるようになるのです。

また、繊細さんは**小さなことに気づいて楽しむのも上手**。

たとえば演劇を観るときには衣装や演技にこめられた小さな仕掛けやこだわりに気づいて楽しむ。日常でも、カフェでお会計をするときに、レジ横にハロウィンのかぼちゃやクリスマスツリーなど、季節に合わせた雑貨が飾られているのを見て、お会計のときにほっこりする。繊細さんは、**人々が込めた思いや小さな仕掛けに気づき、上手に受けとる**のです。

この他、お店の店員さんが優しくて嬉しい、晩御飯の魚がふっくらと焼けて「おっ、うまいじゃん!」とにんまりするなど、日常にある喜びをキャッチするのも、繊細さんの得意技です。

考える力

- 深く考察する
- 当たり前になっていることに疑問を抱き、改善する
- 興味を持つと、とことんはまる

深く考えるのも、繊細さんのいいところ。他の人が当たり前だと思っているものにも疑問や興味を抱き、「なんでこうなっているんだろう」と想像力を広げて考えていきます。

お店のバックヤードに在庫が乱雑に積まれているのを見て、「整理すれば忙しいときにも商品の補充がしやすい」と整理整頓を提案したり、外国人観光客への接客に困っている同僚がいれば英語の接客フレーズ集を作って配ったり。**大きな問題から**

ちょっとした不便まで、独自の視点で改善点を見つけて考察し、改良していきます。

プライベートではマニアックな一面も。たとえばバンドの歌詞を読んで「この人たちはどんな人生を送ってきたんだろう？」と興味を持ち、そのアーティストが何歳のときにどの曲を書いたのか、年表を作ってみる。インターネットを使っていて「なんで僕のパソコンはウェブサイトにつながるんだろう。どんな仕組みなんだろう」と通信の歴史や仕組みを調べるなど、興味を持ったら一直線。その世界をとことん楽しみます。

味わう力

- 「いいもの」を受けとり、深く味わう
- 味わったものを出力する（絵や写真や音楽などで表現する）

会社に行く途中に空を見上げると、光がきらめき空気が優しくて、薄い青が何色にも見えた。「ああ、きれいだなぁ」と思わず立ち止まる。映画の予告を観て優しい世界観を感じとり、涙ぐむ。

世界の美しさや優しさ、人の暖かさ。「いいもの」を受けとり深く味わうことは、繊細さんの得意技。

絵、歌、音楽、カメラ、文章、俳句、ハンドメイド。

手段はさまざまですが、書いたり描いたり歌ったりと、自分の内面を表現している繊細さんも数多くいます。

繊細さんは、解像度の高いカメラのように「いいもの」をきめ細かく高精度で受けとって心の中で味わい、**大事なところをぎゅっと濃縮して表現を生み出します。**

やわらかい日差しをとらえた風景写真、心模様が伝わる優しい絵、感じたことを丁寧に言葉に綴ったブログ。繊細さんの表現は、見た人の心をとらえます。

良心の力

・信じることに真摯に取り組む

・自分の納得と相手への誠実さを両立させて、大きな力を発揮する

繊細さんは礼儀正しく良心的。困っている人を見たら手助けする、相手を思いやるなど、親切で優しい傾向があります。「この人は親切そうだ」とまわりの人もわかるのか、よく道を聞かれる、という繊細さんも多数。なかには「海外でも道を聞かれます」という方も。

繊細さんは、人間関係のみならず仕事でも良心的。自分が納得できることと相手に誠実であること、その両方を大切にしています。

営業や接客業の繊細さんは、「自分が心からいいと思う商品を扱いたい。そして、お客様には、必要なものだけをすすめたい。売上をあげるために、お客様にとって不要なものを売るのは、嘘をついているような気がして嫌だ」と言う人が多いです。アパレルであれば「お客様に似合うものを売りたい。似合わないのに『お似合いですよ』とすすめたくはない」といったことです。

自分の納得と、相手に誠実であること。このふたつを両立したとき、繊細さんは仕事で大きな力を発揮します。たとえばボディケアの分野では、ひとつの流派内の施術

だけではお客様の体の改善に限界があると感じ、さまざまな技法を習得して最適な施術を行う。営業分野では、顧客へのアフターフォローを手厚く行うことで、口コミでお客様が訪れるようになり、自分からセールスしなくても高額商品が売れるようになる、といった具合です。

自分が信じることに真摯に取り組み、自分とお客さんの双方にとっていい結果を出すのです。

直感の力

- 自分に合うものを探し当てる
- 仕事の問題点を見抜く
- ものごとの本質にたどりつく

「なぜかわからないけど、そんな気がする」「見た瞬間にピンとくる」など、繊細さんは直感にも優れています。

直感は、自分に合うものを見つけるときに役立ちます。

Hさんは小説好きだけれど、殺人事件ものは苦手。「淡々とした日常の中でちょっとした謎を解くようなお話が好き」なのだそうです。そんな内容の本を見つけるのはなかなか苦労するだろうと思いきや、Hさんは本屋さんでタイトルを見るだけで自分好みの本を選べるといいます。平積みの本は装丁も手がかりになるそうですが、本棚にあるものもタイトルを見るだけでピンときて、実際に読んでみても外れることはほとんどないそう。

そのほか、おいしそうなごはん屋さんだと思って入ると当たる、外観だけで居心地のよさそうなカフェがわかるなど、繊細さんの直感は、自分にとって「いいもの」を探し当てるのにとても役立ちます。

直感は、仕事でも繊細さんを助けてくれます。

ものづくりに携わる繊細さんからは「実験データがおかしいと、変な感じがする。この辺がアヤシイと感づいてデータを見ていくと間違いが出てくる」「問題があるところは、なんだか『でっぱってる感じ』がする」などの言葉を聞きます。

経理をしている繊細さんは「数字が合わないと、エクセルをぱっと見た瞬間、妙な感じがする」、部下を抱えるマネージャーは「朝会社に行ってチームメンバーの顔を見ると、調子がいいかどうかわかる。ミスしやすそうだなと感じたら、声かけを増やす」と言います。

論理的思考が「AでBだから、C」と順を追って結論にたどり着くのに対し、直感は「ここが怪しい！」と一発で教えてくれる。**直感を使うことで、問題点にいち早く気づける**のです。

繊細さんパワーで自分の強みを加速する

繊細さんの強みを上手に使うためには、

1. 自分自身の強みと掛け合わせて使う
2. 心と体をのびのびと自由にしておく

このふたつを意識してみてください。繊細さんの強みは単体で使ってもいいのですが、自分自身の強みと掛け合わせて使うとさらに強力です。

たとえば、洋服のコーディネートが得意な店員さんが（＝自分自身の強み）、お客様との会話から「可愛らしい感じの服を着たいんだな」とニーズを察知し（＝繊細さんの強み）、おしゃれかつ可愛らしい洋服を提案する、といったことです。

また、繊細さんの強みは、感じる、味わうなど「心と体」を土台に発生します。**全力を出すには、自由に感じていい、安心できる場所にいることが大切**です。

ストレスの強い仕事のあとなど感覚が鈍っているときには、のんびりお茶を飲んだり空を眺めたりと、心と体をゆるめる時間をとってみてください。心と体がのびのびすると、繊細な力を発揮しやすくなります。

自分の本音を大切にすると、どんどん元気になる

本書ではここまで、繊細さんの仕組みと、人間関係や職場で肩の力を抜いて過ごす具体的な方法をお伝えしてきました。

ここからは締めくくりのテーマとして、人生まるごとに使える、「繊細さんが元気に生きる鍵」についてお話しします。

本書の最初に書きましたが、**繊細さんは自分のままで元気に生きることができます。**「えっ、本当に？」と思っていた方も、今お話ししてきたような「強み」と、「活かし方」までお読みになって、手ごたえをつかんでくださっているのではないでしょうか。

繊細さんが、自分のままで元気に生きる鍵。それは、自分の本音──「**こうしたい**」**という思いを、何よりも大切にすることです。**

「お散歩したい」「ゆっくり眠りたい」といったプライベートでの望みから、「あの人、苦手だな」「今日は残業せずに帰りたいな」といった職場での望みまで。

自分の「こうしたい」という思いを感じとり、一つひとつ叶えようと行動することで、「私はこれが好き」「こうしたい」と、自分の軸が太くなっていきます。

自分の軸が太くなるにつれ、相手の感情や意見に左右されにくくなり、人の中でもラクに過ごせるようになる。やりたいことができるようになる。

繊細さんは、自分の本音を大切にすることでたくましくなっていくのです。

繊細さんがたくましくなるって、どういうことでしょう？

たくましくなるとは、決して鈍感になるという意味ではありません。

春の空気や美しい空、まわりの人のあたたかい気持ちなど、細やかに感じとる繊細な感性を持ったまま、嫌なものや不快なものなど、自分に必要ないものをすーっと流せるようになります。

繊細な感性を信頼すると、嫌なことにそもそも遭遇しにくくなります。繊細な感性をコンパスに、自分にとっていいもの、悪いものを見分けることで、自分を雑に扱う人と距離をとり、自分に合わない職場を選ばないようになるからです。

もちろん、人生の中で嫌なことが完全にゼロになるわけではありません。無遠慮な人や未熟な人、価値観の違う人と出会って落ち込むこともあるでしょう。

そんなときでも、心の回復がぐんと早くなるのです。

自分の本音を知る3つの方法

繊細さんが元気に生きるには、本音を叶えていくことが大切だと書きました。
でも、

「結婚したほうがいいのかな」
「転職したいけど、今のままのほうがいいのかな」

など、どれが自分の本音なのか迷うこともありますね。

自分の本音を知るにはどうしたらいいのでしょう？

繊細さんは、世間の声やまわり人のニーズの影響を受けやすくなっています。

そのため、どれが自分の本音でどれが世間の声なのか、注意深く見極める必要があ

るのです。

自分の本音を知る方法は3つ。

ひとつ目は言葉を手がかりに読み解くこと。ふたつ目は、繊細な感覚を感じること。そして3つ目は、自分自身と対話することです。

本音を知る方法1
言葉を手がかりに読み解く

まず一番簡単な見分け方は、「こうしたい」なのか「こうしなきゃ」なのかです。

「こうしたい」は、本音の可能性がありますが、「こうしなきゃ」は、世間の声。本当はそうしたくないということです。

たとえば、「家でゆっくり寝ていたいけど、会社に行かなきゃ」の場合。

「家でゆっくり寝ていたい」は「～したい」で、本音。

「会社に行かなきゃ」は「～しなきゃ」になっているので、本当は行きたくないということです。

本音を知る方法2
繊細な感覚を感じる

「こうしたい」か「こうしなきゃ」なのかで見分けると書きましたが、**口では「こうしたい」と言っていても、本心ではない場合があります**。

たとえば「資格の勉強をしたいけど、なかなか手が伸びない」という場合。

このように体とズレのある言葉を、精神科医の泉《いずみ》谷《や》閑《かん》示《じ》氏は著書の中で「『頭』が『心』の言葉のように偽装をして発言している」と述べています。

言葉の上では「〜したい」「〜したくない」といった言い方になっていても、過去の体験が影響していたり、しつけや学習の成果であったり、将来を見越して計算で導き出したものであったりする場合には、「頭」由来の言葉であり、本当の「心」由来の言葉と違って、「身体」とのあいだにどこかチグハグな感じがあるというのです。

資格の勉強をしたいけど、なかなか手が伸びない。

こんなふうに「〜したい」と言いつつ体が動かないときは、「こうしたい」と思うときの体の状態を感じてみてください。

「こうしたい」と呟いたとき、あるいはそうすることを想像したとき、

- 窮屈な感じがする
- 暗い気持ちになる
- 義務感がある

のならば、少なくとも「今は」やりたくないのです。

「こうしたい」と口にしていることを、「今は」やりたくないのであれば、**今、本当にやりたいことはなんでしょう？**

繊細さんによくあるのは、がんばりすぎて疲れ果てているケースです。やりたいことが、「眠りたい」「休みたい」でもいいのです。ゆっくり眠りたい、休みたいなどの気持ちが出てきたら、どうか自分を休ませてあげてください。

やりたいことをやると、心身にエネルギーが溜まります。エネルギーが溜まれば、自然と何かしたくなります。本当にやりたいことへ、スムーズに向かえるようになるのです。

「こうしたい」と言いつつ、体が動かない。そんなときは、「今まさにこの瞬間、どうしたい？」と自分に聞いてみてください。

本音を知る方法3
自分と会話する

今からご紹介する方法はとても強力で、習得すると「転職したい」「婚活したほうがいいのかな」「親の介護をどうしよう」といった大きな決断においても自分の本音を把握しやすくなります。

しかも、やり方は簡単。次の2ステップでできるので、試してみましょう。

1．おなかのあたりにぐーっと意識を集中して、幼い頃の自分をイメージしてみてください。

想像する年齢は2歳～15歳ぐらいと人によって差がありますが、「この頃の自分はまわりを気にせず自由に生きていたな」と思える年齢にします。**特におすすめするのは、2歳ぐらい。**イヤイヤ期で、誰に対しても自由に「イヤ！」と言えていた時期です。

2．イメージした幼い自分に、迷っていることを聞いてみてください。

たとえば、「ねぇねぇ、勉強したい？」と聞いてみる。幼い自分がなにやら勉強しているようなイメージがわいたら、勉強してもＯＫ。

逆に、「やだ！」と言われたり、むくれて何も答えてくれなかったら、イヤなのです。**イメージしたその子こそ、自分の「本心」**です。幼い自分が眠っていたら眠りたいのだし、遊んでいたら遊びたいのです。

その子を守る優しくたくましい親になったつもりで、眠る・遊ぶなど、幼い自分がしたがることを叶えてあげてください。

なお、幼い自分は子どもなので、「ヤダ！」「好き！」など、答えは単語でしか返ってきません。「あの人のこと好き？」「勉強したい？」など、ＹＥＳ・ＮＯで答えやすい形で質問してあげるのがポイントです。

相談に訪れた繊細さんにこの方法をガイドすると「イメージはできたんですけど、子どもはなんだかすねてます」「むくれて返事をしてくれない」という場合もあります。長いあいだ、自分の本音を押し込めていて、心がすねてしまったのですね。

そんなときは、1日に何度か幼い自分をイメージして、優しく「おおーい」と声をかけてあげてください。根気強く呼びかけるうちに、ぽつりぽつりと「遊びたい」「眠たい」「ヤダ」など、言葉を話してくれるようになります。

たまに「以前から自分をイメージするのはやっていて、この子はずっと『遊びたい！』って言ってたんですけど、『そんなこと言わないで！』ってずっと抑えつけてました」という方もいます。

幼い自分は、自分の心そのものです。

すぐに叶えるのが難しい場合でも、幼い自分が「ヤダ！」と言っていたら「そんなこと言わないで」「ダメでしょ！」と抑えつけず、まずは「**そうだよね、イヤだよね」と同意してあげてください**。

幼い自分をイメージするのが難しい場合は、ぬいぐるみや石など、自分が大切にしているものに話しかけてみてもＯＫです。「ねぇ、どうしたい？」と聞いてみると、驚くほどスパーンと答えが返ってきますよ。

なお、今紹介した3つの方法全てに共通して言えることですが、安心できる場所にいることで、自分の本音が出やすくなります。自分の部屋やお気に入りのカフェ、公園など、**ほっとできる場所で、リラックスした状態で試してみてください。**

毎日の小さな「こうしたい」から、叶えていく

自分の「こうしたい」という本音が浮かび上がってきたら、ぜひ一つひとつ叶えてあげてください。

といっても、「仕事を辞めたい」など大きな決断の場合、すぐには踏み切れないことがほとんどだと思います。そんなときは、**小さな本音から叶えてみてください。**

「あの人、苦手だな」と思ったら、自分からは近づかない。

「ゆっくり眠りたい」と思ったら、休みの日に思う存分眠る。

「公園にお散歩に行きたいな」と思ったら、家事も資格の勉強もいったんお休みして、足を伸ばして行ってみる。

嬉しい、楽しい、ほっと安心する。

毎日の小さな本音を叶えることで、心が充電されていきます。

また、**小さなことからでも本音を叶えていると、「自分にとっていいこと」を選ぶ感覚がつかめてきます**。世間やまわりにとってどうかではなく、自分の好きキライがはっきりしてくるのです。

転職や人間関係などの大きな決断は、どう生きたいかという自分の生き方に根ざしたもの。**日常の嬉しい・楽しい・安心を通して「私はこうしたい」「こんなふうに生きていきたい」という土台ができることで、大きな決断ができるようになるのです**。

自分の本音を叶えるのは、小さなことからでＯＫ。**好きなマグカップでゆっくりお茶を飲む、公園でのんびり花を眺める、絵を描いてみる**など、小さなことから叶えてみてくださいね。

コラム 繊細さんストーリー5

本音をつかんで元気を取り戻す

Kさんの相談は、残業が多く苦手な仕事中心の今の職場を退職するので、次の仕事をどうするかというもの。

次にやりたい仕事があるものの、その仕事は正社員ではないため、まわりから「将来のことを考えると」「お金の問題が……」と言われ、悶々《もんもん》としてしまう。ゆっくり休みたいと思っていてもまわりから「早く転職したほうがいい」と言われ、休めない。まわりの声に振り回されている状態でした。未来にいいことがあると思えず、きっとこの先もつらい毎日なんだろうなと思っていたそうです。

そんなKさんが元気になったのは、自分の本音と向き合ったことがきっかけでした。仕事を、本当はどうしたいんだろう？　少しずつ自分の気持ちを話すうちに「私は今の幸せが大事なの！」という本音が浮かび上がってきました。将来のためにと我慢して働くのではなく、正社員でなくてもやりたい仕事をしたい。すぐに転職するのではなく、今はゆっくり休んで好きなことをしたい。

「今の幸せが大事」という自分の本音に気づいたとき、Kさんは、自分に対して本当の自分が「嬉しい、やっと気づいてくれた！」と言っているような感覚になったそうです。同時に「これまで自分の気持ちを無視して、つらいことばかりさせてごめんね」と、自分に対して謝る気持ちもあったといいます。

自分の本音に気づいたKさんは、元気を取り戻しました。美術館に行ったり、たっぷり寝たり、友達に手紙を書いたり。やりたいことがたくさん出てきて、毎日がとても楽しみになったそうです。家族も「顔の表情がぱあ～っと明るくなって、本当に前と全然違うよ。よかったね！」と喜んでくれたといいます。

Kさんは「これでいいんだ」という何ともいえない安心感を感じ、心穏やかに過ごしています。そして「元気になったらいろいろな仕事をしたい。興味のある仕事を、正社員にとらわれずいろいろと試してみたい」とワクワクしています。

おわりに

繊細さんは、自分のままで生きることでどんどん元気になっていく。

600名を超える繊細さんの相談にのってきて、この結論にたどりつきました。

自分のままで生きるとは、繊細さを含めて自分を肯定し、自分にとっての「嬉しい」「楽しい」「心地いい」「ワクワク」をコンパスに人や場所、物事を選ぶということです。

世間の声やまわりの人の声と自分の本音を聞き分け、自分の本音を採用する。**我慢をやめて本音を大切にすることで「私はこれが好き。こうしたい」と自分の軸が太くなっていきます。**

我慢をやめて自分を満たすと、あたたかい気持ちとエネルギーが湧いてきます。過度な気遣いをせずとも、ごく自然な気持ちからまわりの人に優しくでき、いい人間関係を築けるようになります。

こうして「自分のままで生きていける」という安心感を育てることで、自分の未来にワクワクし、やりたいことをやる元気な人生を歩んでいけるのです。

さいごに、繊細さんたちへ

人に優しく、心が深い。

いろんなことに気づき考える。


私は、そんな繊細さんがとても好きです。

仕事のこと、人間関係のこと。繊細さんと話していると、内面に深く潜り、真摯に自分に向き合っていることがよくわかります。たとえ悩みのご相談であっても、繊細さんと話していると、心の奥深くからあたたかい気持ちがこみあげてきます。

原稿を書きながら、多くの人が繊細さんを応援し、あたたかく見守っていることを改めて感じました。

職場で困っていることを相談したら対応してもらえた、やりたいことを応援してもらえたなど、繊細さんのまわりには、繊細さんか非・繊細さんかにかかわらず、あたたかく見守ってくれる人がいます。エピソードに登場した繊細さんたちもまた、掲載にあたり「自分と同じように悩んでいる方の力になれたら嬉しい」と言ってくれました。

繊細さんはこの世の中にたくさんいます。
応援してくれる人もまた、たくさんいるのです。

この本を手にとってくださった繊細さんが、自分の本音を大切に、1歩でも2歩でも踏み出せたなら、本当に嬉しく思います。
繊細さんが自分のままで笑って生きることを、心から願っています。

〈参考文献〉

『ささいなことにもすぐに「動揺」してしまうあなたへ。』エレイン・N・アーロン著、冨田香里訳、講談社
『敏感すぎてすぐ「恋」に動揺してしまうあなたへ。』エレイン・N・アーロン著、冨田香里訳、講談社
「ラマル　山口由起子オフィシャルブログ」 https://ameblo.jp/yamaguchiyu/
『「普通がいい」という病』泉谷閑示著、講談社
『あなたの人生が変わる対話術』泉谷閑示著、講談社
『内向型人間の時代 社会を変える静かな人の力』スーザン・ケイン著、古草秀子訳、講談社
『「敏感すぎる自分」を好きになれる本』長沼睦雄著、青春出版社
『敏感すぎて生きづらい人の 明日からラクになれる本』長沼睦雄著、永岡書店
『正直シグナル― 非言語コミュニケーションの科学』アレックス（サンディ）・ペントランド著、柴田裕之訳、安西祐一郎監訳、みすず書房
『大人の発達障害を診るということ：診断や対応に迷う症例から考える』青木省三著、医学書院
『減らす技術　新装版』レオ・バボータ著、ディスカヴァー・トゥエンティワン
『良い習慣、悪い習慣―世界Ｎｏ．1の心理学ブロガーが明かすあなたの行動を変えるための方法』ジェレミー・ディーン著、三木俊哉訳、東洋経済新報社

「気がつきすぎて疲れる」が驚くほどなくなる
「繊細さん」の本

2018年8月5日　第1刷発行
2019年10月13日　第11刷発行

著者　武田友紀

発行者　土井尚道
発行所　株式会社 飛鳥新社
〒101-0003
東京都千代田区一ツ橋 2-4-3 光文恒産ビル
電話　03-3263-7770(営業)　03-3263-7773(編集)
http://www.asukashinsha.co.jp

ブックデザイン　小口翔平+上坊菜々子+喜來詩織(tobufune)
イラスト　福田玲子

印刷・製本　中央精版印刷株式会社

ISBN978-4-86410-626-9

編集担当 矢島和郎